［英］凯伦·格尼——著　章天璇——译

多巴胺与荷尔蒙

MIND THE GAP

Karen Gurney

北京时代华文书局

图书在版编目（CIP）数据

多巴胺与荷尔蒙 / (英) 凯伦·格尼著；章天璇译. 北京：北京时代华文书局, 2025.3. (2025.4 重印)

ISBN 978-7-5699-5987-1

I. C913.14

中国国家版本馆 CIP 数据核字第 2025E87S42 号

MIND THE GAP BY DR KAREN GURNEY

Copyright © KAREN GURNEY 2017

Original HEADLINE PUBLISHING GROUP LIMITED

Chinese (in simplified character only) translation copyright 2025 by Beijing Time-Chinese Publishing House Co., Ltd

Chinese (in simplified characters only) translation rights arranged with Peony Literary Agency Limited

北京市版权局著作权合同登记号 图字：01-2020-1979

Duoba'an yu He'ermeng

出 版 人：陈　涛

策划编辑：周　磊

责任编辑：张正萌

装帧设计：程　慧　迟　稳

责任印制：刘　银

出版发行：北京时代华文书局 http://www.bjsdsj.com.cn

　　　　　北京市东城区安定门外大街 138 号皇城国际大厦 A 座 8 层

　　　　　邮编：100011　电话：010-64263661　64261528

印　　刷：河北京平诚乾印刷有限公司

开　　本：880 mm×1230 mm　1/32　　　　成品尺寸：145 mm×210 mm

印　　张：8　　　　　　　　　　　　　　字　　数：191 千字

版　　次：2025 年 3 月第 1 版　　　　　　印　　次：2025 年 4 月第 2 次印刷

定　　价：48.00 元

目　录

第二部分
关于性与欲望的真相

第4章　社会中的性

第6章　大脑中的性爱

第7章　我们对性欲的理解存在差异

第三部分
如何为你的性生活提供终生保障?

第8章　接下来是什么?

引　言

　　如果我告诉你：所有你听信的关于自身性行为的观点并不真实；那些你用以衡量自身及性生活，且时常自觉失败的标准，对大部分人来说是不现实且难以实现的；人可能会在性关系中少有，乃至没有自发的性欲望，却拥有长期幸福且令双方彼此满足的性生活，那么你会怎么想？

　　这似乎难以置信。

　　在科学领域里，我们很少这么长时间地犯如此大的错误，以至于显而易见的误解已经渗入集体意识中，性就是其中之一。性是一个领域，我们对其的了解大多来自文化、民俗、宗教、传闻和媒体，然而我们却无法掌握事实。我们被由文化和社会编撰的故事所造成的普遍影响蒙蔽，难以看清真相。

　　作为一名临床心理学家和性心理学家，我在职业生涯中花了很多时间来忘记我"认知"中自己对人与性的了解，从而真正帮助到我的患者。我在治疗中花了很多时间，研究女性及其伴侣对性生活不满意的问题，对于她们（或其性伴侣）来说，性生活不曾达到预期效果。他们本"应该"在此过程中感受到彼此的欲望，但现实却并非如他们所愿，这就像一场在他们生活中迫在眉睫的灾难。

事实上，无论他们还是我们都受到了欺骗。在过去的几十年里，性科学有了一些令人惊讶的突破，因为它首次指出了人类的欲望是如何发挥作用的，这些观点支配了大众思想和主流社会，并影响了我们对自己性生活的理解。此后出现了新的想法和观点，进一步革新了性心理治疗领域，但这些知识并没有逐渐作为主流思想被学术界或治疗师接受。因此，旧思想仍存在于我们对性生活的认知中，就像由无法达到的标准铸造的达摩克利斯之剑。

为什么会这样呢？历史的证据表明了关于性的"真实"事实，而性问题常常难以拨开道德、社会和文化观点的迷雾，你只需看看性科学的其他领域就会明白。在19世纪早期，自慰致盲的观点广泛流行，直至今日仍被用于治疗中。你应该期望你的长期性伴侣会随机而频繁地产生性欲望，美好的性爱应该"就这样发生"，这种欲望会促使你的性行为发生在一念之间。

花时间思考一下。此时此刻，你相信这些观点吗？例如，在你的性关系中，你是否会时常自发地与伴侣进行性行为？我们受到引导而相信的一切都证明了这个观点，它的长久影响通过电影、电视和音乐而存在。每个人都在担心他们性生活的频率，而一段能够经受时间考验依然充满激情的关系是大多数人的梦想。但具有讽刺意味的是，与此同时还有另一种论调。有一个看似揶揄玩笑和含沙射影的警告（尤其与婚姻有关）：在一段长期关系中，性生活是不可能美满的。一对彼此托付的夫妻基本上放弃了享受长期、美好的性生活的希望，但在某种程度上，相互的陪伴会弥补这一不足。

到底选择哪一个呢？我们该期待持续一生的激情，还是在蜜月期过后，就只在双方生日时才有性爱？

这两种观点都存在固有的问题。就第一个观点来说，一个无法实现但永恒的激情理想，能抵御一段关系中的各种不如人意、各类生活琐事以及我们身体和身份的改变，而无须任何有意识的努力。第二个观点则会带来一种无法避免的绝望感，那就是性问题是无法解决的。无论你多么努力，它注定是个悲剧——某种激情的黑洞。

事实上，愉悦的性爱是需要培养的，并不是自然而然就始终存在的，但我们需要了解欲望是如何产生的，并学习如何培养欲望的知识和技能。那我们提到的那些话题呢？不费力气就拥有永恒不变的激情？或者长期的关系不可避免地走向完全无性的状态？这些对我们一点用都没有。

本书的主题是关于我们想象中的性生活（通常基于无谓的比较）与性生活的实际情况之间的差异，以及拥有美妙性爱所需要的性欲知识与我们大部分人实际掌握的知识之间的差异。本书还将介绍其他一些差异，它们也会对我们的性生活产生负面影响。你可能已经熟悉了其中的一些，例如性别平等方面的鸿沟（是的，不平等也会影响我们的性生活）；你也可能听说过的其他方面，例如性高潮方面的差异（女性与男性发生性关系时的愉悦感要少于与她们发生性关系的男性）。我希望读这本书能帮助你减轻生活和人际关系中的这些困惑。

来我这里寻求性心理治疗的夫妇常在第一期治疗中表示，他们认为我们需要进行的工作是漫长而艰巨的。正如我希望你可以从这本书中学到的那样，实际情况与案例相去甚远，而且你甚至可能像在单个疗程（类似一页书的内容）或几个疗程（类似几章节的内容）中学习得那样快。事实上，更艰苦的工作——如果有的话——有时可能会是瓦解已形成的模式，同时还需要对它进行处理，以免破坏你新学到的看待事物的方式。在本书中，我将在相关章节的结尾处提供一些有用的练习，以便你进行相关尝试。

我希望你能从此书起步，因为你可以从中看到使性生活更加令人满意的潜力。事实上，我们所有人都可以使性生活日趋改善，并应该为此付出努力（如果你难以置信，那是因为你对前文中社会虚构之事信以为真了——性活力会随时间而衰减）。

这本书适用于任何年龄的女性。我并不是说这些信息对男性没有用处（事实上，大部分内容也能让男性产生共鸣），而是我们将关注点放在性别对性行为的巨大影响上，所以内容可能更倾向于女性。

如果你正在和一个女人保持性关系，这本书也适合你，因为你会了解到你的伴侣的欲望，这会改变你对性生活的理解。我们为所有人提供至关重要的信息，以帮助我们更好地理解性生活。

然而，当我提到性的时候，我想到的并不是对某种性行为的狭隘定义，比如插入阴道的性交，但在我们的社会中，"性"的含义往往如此。事实上，我并没有臆测性对你意味着什么。在一定程度上，这是一段旅程，即理解"性"对我们来说是什么（这是不断变化的），然后让我们基于这个理解来看待自己目前的性生活，而非别人的蓝图。我认为"好的性爱"不仅仅是没有性问题。让我们怀有更多的期待，好吗？

我希望这本书能使你对"正常"情况有新认识。它可能会引导你得出这样的结论，即到目前为止，在每个长期恋爱关系中，你对自己和性生活都有一些无法得到满足的期待，但这也将使你全面了解"真正"实现欲望的方式，这样在未来的性生活中，你就可以主导欲望影响性生活的方式。你不再是性生活方式的被动的接受者，而是主动控制欲望，去往你希望的方向和你想抵达的目的地。

本书的第一部分将简要概述我们目前所处的社会、文化和政治背景。第1章将介绍科学、宗教、心理学、精神病学和媒体等在性话题中扮演着何种角色，及其目的与偏见，这是后续许多章节内容的重要背景。在第2章中，我们将了解英国人和全世界范围内人们的性生活中所发生的事实——人们"真正"拥有多少性爱、什么样的性爱？有多少人对欲望产生不满或担忧？在第3章中，我们将讨论解剖学、性高潮、性教育，并了解你作为个体所需的"高质量性爱条件"是什么。第一部分是为了帮助你了解影响你看待和感受当前性生活的因素。

在第二部分中，我们将开放探讨性与欲望如何运作的一些重要方面。其中包括社会对我们的性认知和性行为所产生的影响，我们的人际关系如何促进或阻碍我们的性生活，以及我们的大脑如何处理和激发性与欲望。我还将向你介绍有关欲望如何真正起作用的新知识。接下来，对于你可以在性关系中做出改变以拥有更好的性爱和培养你的欲望，会有一个更清晰的观点。

在第三部分中，我们将对上述话题进行延伸，并在此基础上进行探讨。我们如何才能将所学知识付诸实践，并与性伴侣一同做出改变？如果我们想保持性爱的热情，我们应注重经营两人之间其他哪些方面的关系？如果突然面临新的生活挑战，或历经时间流逝，我们如何保持性生活正常进行？简而言之，我们如何实现一生"性福"？

我写这本书的原因有两个。第一是传播我所认为的，所有女性都应该知道的性知识。第二是因为我亲眼看见了上述观点对人们的性生活和性交满意度所造成的影响。我希望这是你现在正在寻求的转变。

准备好了吗？

让我们开始一场革命吧！

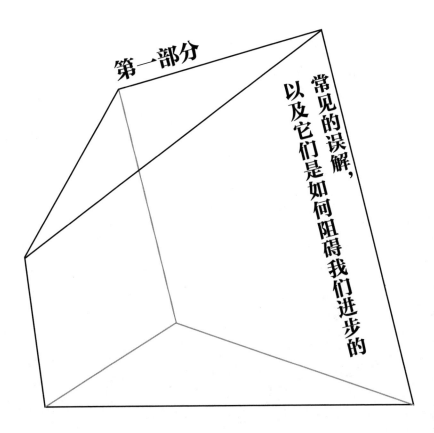

第一部分

常见的误解，
以及它们是如何阻碍我们进步的

第 1 章

性、科学与性别政治简史

我们的性观念是如何形成的？

如果想写一本关于女性的性行为与性欲望的书，就必须概述一些社会、政治和科学方面的影响因素，正是它们引导我们形成了如今的性观念。当你阅读本书时，你会发现性欲存在于性别政治的约束框架中，而人们对于性欲的看法受到科学、女权主义、心理学和性科学领域中重大突破（或重大倒退）的影响。

在这里，我无意于完整、全面地回顾这段历史，因为这将是一项宏伟的工作，超出了我的专业知识范围，况且这可能不是你选择本书的原因。然而这些历史影响所留下的遗产极为丰富，我若不提及它们对当代性生活的影响之深，便是失职、怠懒。

在本章中，我将进行一个有选择且非线性的历史简述，为帮助你理解后续章节的内容打下基础，并引导你重新看待曾经被奉为真理的性观念。我希望证明的是，人们对性的看法几乎完全受当时流行的文化、语言和政治观点影响，正因如此，不同大洲、社群和文化的人们对待性的态度迥然不同。

为实现本书的目标，我将着重介绍过去几个世纪中，在英国社会及西方科学领域占主导地位的一部分重要习俗与制度，但这不意味着除此以外不存在别的影响，也不表明当时其他社群的观点与经历都与之相同——绝非如此。当时占统治地位的制度极大地影响了我们对性以及女性性行为的看法，如宗教和一夫一妻制。同样，像女权运动那样的文化转变也对女性权利、女性性行为和女性自治产生了显著的影响。20世纪现代科学的进步和心理疗法、性科学的诞生，也在塑造社会对女性和性的看法中起到了重要且广泛的作用。以上这些都是我们如今理解性的基础。

人们如何看待性，包括将什么定义为"正常"，以及女性希望与性构建何种联系，尽管这些问题都取决于当时的文化环境和主流观点，但它就像一场流动的盛宴。这些关键的历史节点仍然与你当下的性生活息息相关，尽管看上去似乎并非如此。

一、性与罪

我们之所以将17世纪作为这条时间线的开端，主要因为我们总得从某个时间点开始，若要追溯到人类文明诞生时，则距今太过遥远。17世纪时，在西方世界的许多地方，一夫一妻都被作为社会标准，这主要受宗教和人们重视婚姻制度的影响。婚姻很重要，因为它与土地所有权有关，也就与财务有关，但是大多数妇女的配偶都由其父挑选，而非由她们本人决定。宗教对当时英国的道德准则起着主导性影响，但宗教改革逐渐改变了婚姻的形象，它变得更像是包含主观愿望的个人选择，而非几乎以生育为唯一目的。有趣的是，在这一历史时间点之前，女性曾被认为是两性中欲望更盛的一方，但不久后这一观点发生转变，人们又认为男性的性欲更为强烈，而女性则天生性欲较弱。在婚姻关系之外，任何没有生育目的的性行为都被认为是罪恶的，这一点明显体现在当时的法律中，如通奸和同性恋都是违法行为，甚至会被判死刑。

18世纪和19世纪的性价值观有所转变。虽然固定关系之外的性行为已不再被认为违法（尽管令人不悦），但在当时人们依然认为女性的性欲不如男性强烈，而且她们在性方面的身份是被动接受者，而男性则担负着控制性冲动的责任。还有一种假设认为女性的性高潮至关重要，因为那时的人们认为女性的性高潮（事实上是双方同时的性高潮）是怀孕的关键。性被视为婚姻的重要组成部分，但对于自慰危害身心健康的担忧是普遍存在的，这一点可以从防止"自我抚摸"的设备的发明和推广，以及人们为抑制性冲动而付出的长久努力中得到明显体现。

如果你认为在历史上关于性的消极态度之中，有一部分仅仅是旧时代的观点，而时至今日，我们在性科学方面已大有进步，其实并非如此。在这些历史性的观点之中，有许多与此前更为宽松的性态度形成鲜明对比，无论是对整个英国还是全世界来说都是如此。从许多历史文献中都可以清楚看到性的积极方面，例如古代印度出版的《爱经》（*Hindu Kama Sutra*）和10世纪巴格达出版的《快乐百科全书》（*Encyclopaedia of Pleasure*）。在这些文献中，性的主要目的是愉悦，而非羞耻之事。实际上，英国殖民统治为世界上许多地方带去了更具限制性的性价值观，以及更为保守的新观点。我们也知道，在许多其他的非西方文化中，性即羞耻的言论是不存在的（无论在过去还是现在）。生活在某些母系族群中的妇女，例如巴布亚新几内亚土著居民，女性可以自由地享受与不同男性之间的性爱。由此可以得出的结论是，在英国和其他西方地区，我们近来的性观念根源与祖辈的保守观念有关，而这种观念的背景涉及宗教、性歧视、对一夫一妻制的青睐，以及对性欲的强烈恐慌。

二、性与疯狂

性从被宗教监管——"欲望即罪恶"，转变为受医学部门（如今被称为精神病学）监管——"你的欲望是一种疯狂的迹象"。"癔症"被定义为与女性性行为有关的疾病，手淫是其中的症状之一，而"女色情狂"一词最早出现于18世纪，且迅速流行开来，用于形容手淫、性欲强于丈夫、有性幻想，或与其他女性发生性关系的女性。通过使用这些术语解释一系列此类事例，女性的性欲与疯狂被巧妙地结合在一起。有趣的是，在19世纪末，出于对自己性行为的忧虑，致力于精神病学研究的女性人数远多于男性，有关女性性行为的模式和叙述一度被认为比男性的更危险。妇女被关在精神病院，被迫进行子宫切除术或额叶切除术，她们的生殖器上被放上水蛭，她们被浸冷水浴、切除阴蒂或承受将腐蚀性化学物质插入阴道的折磨。这些诊断和治疗被认为是一种对女性进行社会控制的形式，而这种控制的动机要素就是"性欲不洁"。

三、性与征服

20 世纪初，英国正准备发动战争。第一次世界大战这场毁灭性事件标志着女性所拥有的机会和社会地位发生了重大改变。在父权历史文化中，女性第一次扮演了男性通常扮演的角色，这改变了人们对女性能力的看法。到了第一次世界大战结束时，女性就业的人数比以往任何时候都要多。这种经历赋予了女性更多的自主权，她们开始进一步争取自己的正当权利，这些运动使得英国女性在 1918 年被赋予投票权。

但也有观点认为，在性别平等方面，这种微小而关键的转变激起了文化领域的强烈反应，因为人们认为这可能对婚姻制度和"家庭价值观"构成威胁，从而对社会产生影响。与此同时，我们如今知道了现代科学和医学是一个不断发展的领域，而进行科学研究的手段也是如此。在 18 世纪和 19 世纪，文化开始从以宗教为主导的世界观向以科学为主导的世界观转变。这种转变是具有挑战性的，因为这两种对立观点的支持者为自证真伪而相互争斗。这个时代的一个关键特征是，当时凡是支持教会主导观点之外的其他观点都是危险的。然而不久之后，科学就成为人们生活中的权威（与宗教和社会习俗并存），并且开始在性、医学和凭借此类方式对女性性行为施加的控制中发挥作用。

四、性功能障碍的产生

性功能障碍这一概念源于精神病学领域。美国精神病学协会编写的《精神疾病诊断和统计手册》（后文简称《手册》）诞生于1952年，其目的是列出有关精神"疾病"的所有可能诊断的完整列表。实际上，如果一种疾病不在其中，那么它就不存在。但是，同样地，在这一《手册》中包含的假定的疾病也具有可信度。在1980年发布的第三版《手册》中首次出现认为性可能会"失调"的内容。当然，在此之前，人们也对性表示担忧，但第三版《手册》首次出现针对性问题的特定术语（例如"性欲不振"）。这是一个历史性的时刻，直到现在都在影响着我们的性生活。在此之前，"性功能障碍"没有被定义，没有得到治疗，并且当时并没有根据"正常性行为"的构成要素来决定要优先考虑性的哪些方面，从而命名性的"功能紊乱"。

五、性与神经症

在19世纪末和20世纪初，一些坚定的声音开始暗示宗教和科学涉及性的表达中有错误。性学家很少，但是诸如哈夫洛克·埃利斯这样的人却提出了在当时看来非常不受欢迎的想法，例如认为同性恋实际上不是疾病，而是正常的人类性偏好。在英国，直到1967年，男人之间的性才被合法化（并非在所有情况下都如此），并且"同性恋"直到1973年才被从美国精神病学协会的《手册》中删除（被降级为"精神障碍"）。自从出现关于人类的记录，同性之间的性关系就一直存在着，而且从历史的各个角度来看，各种文化和团体也并不总是将其视为问题。

在19世纪末，奥地利神经病学家和精神病医生西格蒙德·弗洛伊德出现在人们的视野中，他后来被称为"精神分析之父"。弗洛伊德乐于谈论性，以至于似乎一切事物突然都以一种或另一种方式与性产生了联系。在治疗开始使用科学方法之前，弗洛伊德提出了自己的治疗方法，并且他的个人观察和对病例的反思，被认为是在20世纪继续主导心理治疗领域的理论。我们现在知道，弗洛伊德所提出的大部分与性和性行为有关的想法是不正确的。例如，阴蒂高潮是阴道高潮的"不成熟"版本，或者同性恋是异性恋的不成熟版本。尽管弗洛伊德在不知不觉中将大部分人病态化，但至少他将性描述为人们喜欢做的事，并敦促人们去做，而不是像旧时的描述那样，认为性仅仅是创造生命的途径（除非你疯了）。

20世纪40年代，阿尔弗雷德·金赛开创性的工作是性科学史最关键的时刻之一。金赛是一位美国昆虫学家（也就是说，他的研究领域是对昆虫的科学研究），他决定在实验室环境下研究人类的性行为，以进一步了解它。在历史的交汇中有几个关键时刻。一种观点是性爱并不是一种罪恶，它只是人们日常做的事（并且乐在其中）；另一种观点认为科学可以观察和研究一切事物，就像你研究昆虫一样；还有一种观点认为，这就是帮助我们更好地了解性是什么，或者人们是如何进行性行为的一种方式，而非通过专家的意见、教会的观点或者国家的观点。

通过大量采访，金赛发现性取向并不是二元的，大多数人都在中间的某个地方，而不是在异性恋或同性恋的两端。他发现人们享受性爱，以各种不同的方式做爱，而且大多数人都自慰。他认为所有类型的性表达都是可以接受的。金赛的工作和发现被视为对美国家庭价值观的挑战，他的研究资金被撤回，他开创的性研究也被叫停。如果说弗洛伊德是"心理治疗之父"，金赛当然就是"性学之父"。

接下来是弗吉尼亚·约翰逊和威廉·马斯特斯，他们想在金赛关于人们做什么的发现的基础上，进一步了解性是如何运作的。马斯特斯是一名妇科医生，约翰逊最初是马斯特斯的研究助理，后来成了他的合作伙伴，也是个人生活方面的伙伴。在整个 20 世纪 60 年代和 70 年代，他们将科学流程应用于实验室研究，观察和收集关于性的数据。马斯特斯和约翰逊提出了第一个关于人类在性过程中所发生的事情的真实模型——人类的性反应周期。不久之后，海伦·辛格·卡普兰等人加入了这个模型研究，该模型在后来几十年中被用于解释人类和性。

性功能障碍被美国精神病学协会的《手册》第一次命名且一直延续到现在。马斯特斯和约翰逊／卡普兰模型（在第 7 章中你将了解更多关于此模型的知识）不仅打下了研究性功能障碍的基础，还渗入到社会的结构中，从科学到流行文化都有其身影；它也融入有关性爱是什么以及它应该是怎样的观点中。马斯特斯和约翰逊非常热衷于利用媒体向大众传播他们的发现，并经常出现在电视上，这对他们那个时代的科学家来说是很不寻常的。我喜欢把他们看作是最早的性知识传播者，并且认为，如果他们现在还活着的话，他们会在 Instagram（照片墙）上拥有大量的粉丝。

马斯特斯和约翰逊对性的理解为我们作为一个社会群体，如何看待"正常"的性打下了基础。但是直到今天，你可能还没有意识到他们的工作对你如何理解性产生了怎样的影响。当然，这也是科学和法律的特点：如果某件事是非法的，我们就假定它一定是错误的；如果在科学中发现了某件事，我们就假定它一定是正确的。毫无疑问，我们吸收这些东西成为事实，它们成为我们文化叙事的一部分。马斯特斯、约翰逊和卡普兰有一个重要的观点，即欲望是人类性反应的第一部分。如今，大量证据表明，事实并非如此。欲望的运作方式与 20 世纪 60 年代人们对欲望的最初理解有所不同。这些认识还没有渗入到主流的理解中，但我希望在本书的结尾，你会完全改变你看待欲望的方式，正确理解这些新观点。

性行为被视为一种可习得的技能，这可能来自马斯特斯和约翰逊时代媒体对性的报道，这种想法在现在仍然流行。"他的床上功夫好吗"这一问题表明我们相信性可以是我们擅长的事情，并且认为性交就像弹钢琴或其他一些可习得的技能一样。事实上，性更像是创作了一段音乐，然后和另一个音乐家一起演奏，这个音乐家自己也创作了一段音乐，你必须和他协调。技巧在于聆听和协调，而不仅仅是演奏乐器。

马斯特斯和约翰逊也被认为是性心理疗法的创始人，事实也是如此。他们出版了第一本关于处理性问题的书，并且开发了一种新的行为方面的性心理疗法。他们的很多工作到现在都有重要的价值。尽管性科学从那时起已经突飞猛进，他们的工作仍然起着关键的作用。马斯特斯和约翰逊的工作令人着迷的地方在于，与金赛相似，他们的作品也出现在历史上一个重要的十字路口。

当他们在 20 世纪 60 年代研究性的时候，行为和认知疗法范式开始形成，而其他源自弗洛伊德的疗法模式的主导观点，逐渐为新方法让路，新方法旨在理解人们思考的方式和问题形成的方式。马斯特斯和约翰逊的很多作品都基于这些行为和认知概念。例如，根据他们的描述，如果你认为自己无法勃起，这种想法会引发焦虑，并在体内引起生理变化，从而使性唤起（勃起）变得不可能。因此，这种想法本身就会导致性问题，而你预测下一次同样勃起困难，这意味着这个循环将继续下去，并随着时间的推移建立一种惯性。这些认识是性心理治疗的关键，因为它们让我们从神经症导致性问题的观念，转变为性问题可能发生在我们所有人身上，并且可以通过创造不同的体验或认知来克服。当你阅读这本书时，可以感受到这种方法的持续影响是显而易见的。

六、性与药物

性心理疗法从马斯特斯和约翰逊的研究中发展而来，获得了普及、认可与赞誉。但是在 20 世纪 60 年代，避孕药的问世使人们对女性性行为，以及女性发生性行为后无须承担怀孕风险感到新的恐慌。令人遗憾的是，在堕胎权方面，对女性身体自主权的持续监管仍然是一个巨大的全球问题，围绕堕胎权与人身权的争议与当今世界上女性的性生活处境存在很多相似之处。

1996 年，在辉瑞公司意外研制出万艾可之后，性学研究暂时转移到了医药领域。万艾可曾被设计用来治疗心绞痛，但人们发现它的副作用可以促使男性阴茎有效勃起，而制药公司立即注意到万艾可可以赚取大量金钱的商用价值。由此开始，突然之间出现了很多关于为女性创造类似产品的讨论。毕竟，众所周知的是，与男性相比，女性并不是那么热衷于性爱，而且似乎男性比女性更需要性爱，因此专注于解决此问题似乎是没有必要的（当然这些观点并不符合事实）。制药公司竞相希望成为第一个提出解决女性性欲问题方案的公司。在此背景下，许多女权主义科学家和性治疗师开始质疑如何在没有其他影响女性性取向因素的前提下，在科学和医学领域讨论女性性生活（尤其是性欲）的问题。

自 2015 年以来，美国食品药品监督管理局已批准了两种用于治疗女性性欲低下的药物。第一种是氟班色林，第二种是在 2019 年问世的布雷美拉肽。在早期的临床研究中，两者都存在严重的副作用，并且在性医学领域中，有关这些药物的争议和争论也很多。对于那些每天服用氟班色林的女性，大约每两个月增加一次额外的性经历（效果并不令人满意），并且会有一些强烈的副作用。关于此类治疗的争议集中在对女性性功能的潜力过度医学化，并担心在纯医学的背景下将女性的需求归为生理学范畴，而没有考虑到女性所处的社会政治背景。尽管在世界各地都可以买到氟班色林和布雷美拉肽，但目前在英国尚没有专门针对"低欲望"女性的药物。有几种新药物正在欧洲进行研发，这种情况可能会在未来十年有所改变。

七、性、权力与女权主义

直到 20 世纪 60 年代，性科学都由男人主导，现在我们知道，这一状况对收集信息、提出问题与研究模型的设计都有影响。马斯特斯和约翰逊研究了男女的性反应，并记录了两性之间的差异。例如，他们发现女性没有"不应期"（在男性中，性高潮和再次勃起之间的延迟期），并且可能一次性交经历多次性高潮。但马斯特斯和约翰逊最终仍然采用一种"一刀切"的人类性反应模型，该模型主要基于男性经验。这是科学界父权体系的一种体现。

因此，我们并没有质疑自20世纪80年代起就被列入《手册》的性功能障碍分类，相比其他方面，是否更适合男性的性行为，以及特权性的性器官插入式性行为，抑或这种偏见并不能代表任何人或事。例如，"早泄"在美国精神病学协会的《手册》（第四版）中被定义为"正好在插入阴道之前或之后射精"。对于女性来说，没有类似的"早泄"情况。正如许多性学家和学者所认为的那样，这一情况的原因是男性的经验是这一经验性理论的核心，《手册》内的性功能障碍分类阻碍了更多人对正常性行为进行理解。女性何时高潮并不重要，因为由男性主导的性爱在女性高潮后仍可继续，不是吗？

女权主义的性科学家和临床医生们拒绝了女性"性进行困难"的观点，因为这个观点基于男性模式，以男权主义视角审视性是什么以及性是为了谁。这些科学家和医生组成了一个工作组来解决女性的担忧。在21世纪初，关于女性性行为的"新观点"被提出，作为基于女性的替代系统，以摆脱《手册》和医学模式中的不平等和性别偏见。这一制度使人们能够更加强调社会、经济和政治对女性性行为所产生的影响。工作组的重要成员莱昂诺尔·蒂弗用"性更像舞蹈而不是消化"来类比，指出性的文化、政治、社会和学术方面比生物学方面的历史重要性更突出。你将在这本书中看到这种观点的影响，因为我将很少谈论性和欲望的生物学影响，而更倾向于社会、性别政治、心理学和关系动力学的影响。

女性开始在性科学中扮演更加关键的角色，随着她们的研究和写作，女性性研究者的数量出现了爆炸式增长，她们永远地改变了我们看待性的方式。她们中的很多人所做出的研究成果，在本书引用的许多科学内容中都有体现，比如辛西娅·格雷厄姆、罗丝玛丽·巴森、艾米·缪斯、莎拉·穆雷、罗宾·米尔豪森、艾米丽·伊姆派特、罗瑞·布洛图、梅雷迪思·奇弗斯、黛比·赫本尼克、克里斯汀·马克、凯伦·布莱尔、卡洛林·普卡尔、朱莉娅·海曼、埃伦·拉恩、玛塔·梅亚娜、纱丽·安德斯、丽莎·戴蒙德以及其他重要的人物。她们提出并发展了关于性和欲望的理论，这将直接影响你如何理解你自己。记住她们的名字，因为她们对性科学的影响，就像金赛、马斯特斯和约翰逊一样，将被载入史册。她们代表着女权主义、性科学以及积极行动的力量。

在过去的 20 年里，也许性科学最大的进步在于我们如何理解女性的欲望。新的性反应模型被提出来对抗马斯特斯和约翰逊的研究模型。关于有史以来第一次基于女性性行为的模型，我将在本书的第二部分告诉你更多信息。性研究者开始更广泛地了解女性的欲望、愉悦和性高潮，并且开始直接挑战《手册》中女性性问题的表述方式。他们认为，基于新科学，目前的分类体系正在将女性正常的性功能表达病态化。目前对女性的性研究在理解注意力和性如何紧密联系在一起、对思想的影响，以及如何体验性关系等方面有了新的进展。

21 世纪初，一群性科学家试图根据新的证据，改变女性性欲在《手册》中的表达方式。他们成功地在《手册》（第五版）中创造了一个新类别——"女性性兴趣 / 性唤起障碍"。以往的"性欲减退（低下）障碍"被移除，这反映了一项新的研究，即女性很难将性欲和性唤起分开，而更多地强调性唤起和性欲的主观等方面。这些变化代表着性科学的巨大进步，因为在科学界或医学界，什么是正常的、什么是不正常的观点影响着我们对自己的看法。

　　如果女性对性不感兴趣，这不再是一个问题了。如果女性在没有"足够的性刺激"的情况下不想做爱，也不再被视为一个困难了（需要说明的是，大多数人说"已经有一段时间了，来一场性爱怎么样"，并不能构成"适当的刺激"）。女性的性欲、愉悦感和对性做出反应的能力被给予了它应得的赞扬和关注，而那些放大它和抑制它的情况，现在被更详尽地理解了。女性已经掌握了她们需要知道的信息，即她们的身体运行良好，并无问题。

第 2 章

多巴胺与荷尔蒙——关于性与性欲的数据

人们拥有多少性爱？

我遇到的很多人都不关心他们想要或拥有的性爱次数，或者他们的性生活一般是怎样的。你可能觉得这种情况和我的工作有关，但事实上，这是我从我的客户和工作之外的人那里听到的。不可否认的是，一旦人们对我的工作深入了解，他们会倾向于与我分享很多关于他们私生活的细节，这可能比他们与大多数人分享的都要多。如果我们在同一个晚餐聚会上，我建议你坐在我旁边，因为我们的谈话不可避免地会在结构或形式上转向性话题。对我来说，这样做的好处是：①我热爱我的工作，而且永远不会厌倦它；②性是如此荒唐而迷人，而且永远不会让人感到无聊，即使你整天谈论它。

人们之所以开始担心性问题，主要是因为他们按照自己认为的"平均"标准来规划自己的生活。但是，一般来说，人们对他人性生活的估计是大错特错的，而且当他们认为频率是良好性生活的重要指标时，他们同样也犯了错误。我觉得在这时应该多谈谈什么是"正常"，这样你就不会对发生在你身上的事感到担心。这就是本章的内容：对我们的性生活和我们所知道的真实情况的简要说明。这是一个让你可以松一口气的事实，但也表明了我们的社会群体对"性别"的理解和判断是多么不准确。

因此在本章中，我将列出一些从有关性爱频率的大规模研究中所得出的结论，其中包括我们在性生活中面临的困难，以及在人们的反馈中，因性生活偏离计划而给日常生活与性关系带来的常见后果。我会让你了解人们对于性生活的不满是普遍存在的，以及各种解决方式的困难之处，并会向你保证，如果你总在这些事情之间挣扎纠结，或者希望自己的生活能有些许改善，那这并非只是关乎"你"或你的性关系的个人问题，它也是英国及世界其他地区的无数女性所面对的问题。

谁定义了"正常"？

有关性的问题之一是，如果你不对性行为进行研究或实践，那么真正留给你的就是偏见、大众观点、文化价值观和假设的偏颇影响。相比其他领域，这种情况在性方面更突出，因为性的特征在于它不是在公共场合常被谈论的话题。而且正如我们在上一章中了解到的，在不同的历史时期，性观念在很大程度上都受着耻心、宗教、文化、医学和政治支配与影响，因此就这个话题而言，虚构的故事比事实更具优势。

不能科学地看待性问题（科学的方法意味着通过仔细观察证据而不是仅凭你自己的想法来了解人们的行为，并理解其方式和原因）就不能成为好的性心理治疗师，这也阻止了我们这个社会更深入地了解性。作为一名临床心理学家，我接受教育是为了成为循证医生，这意味着根据科学知识而非我的直觉或假设进行治疗。当然，这并不意味着我完全不能使用直觉，只是我应该谨慎地将直觉作为假设进行检验，而不是盲目地遵循。我在治疗课程中会大量使用科学知识，我希望你在阅读本书时也会重视这个方面。

正是由于这个原因，很多年前，当我第一次听说Natsal（英国全国性态度和生活方式调查）时，我激动得差点从椅子上跌下来。如此大规模的调查是前所未有的，我的喜悦不仅仅是因为我知道它将为我们提供关于英国人性生活的可靠数据，也因为我完全是一个性研究狂。我觉得我们应该为这项研究发生在我们国家而感到非常自豪，而且它是目前世界上人口研究中规模最大、最严谨的性研究之一。Natsal由几个大型研究机构合作进行，旨在研究英国各个年龄、背景、种族和性取向的成年人如何体验性、性健康以及最近的性功能和性生活满意度。这个研究为我们提供了最好的依据，可以帮助我们了解在人们的性生活中实际发生的事情，没有它，我们（作为临床医生，还有与人发生性关系的人）就完全不了解什么是"正常"（尽管我在这种情况下使用了"正常"一词，但我并不是说如果你做的事情与大多数人不同，或者以不同的频率出现，那你就不"正常"。相反，有些事情在性方面很普遍，如果这些事情发生在你身上或在你的性生活中表现出来，你可以放心，你并不孤单），也无法了解其他人对性的感受及经历。如果没有这种研究，我们只能基于曲解、猜测和偏见，以及当时正在讨论的话题来获得社会观点。在第1章中，历史已经让你了解这样做会让我们陷入多么混乱的境地。

一个英国全国性的性爱晴雨表

在我们的性生活中，最关键的"差距"之一，就是与他人相比，我们对自己的性生活的期望和实际性生活体验之间的不同。性爱频率通常是我们用来判断这一点的晴雨表，这可能是因为它比性爱的其他方面更容易"计数"。当然，我们也被灌输了这样一个观念：频率是最重要的事情（事实上，这是众多观念中的一个）。

在过去的几十年里，Natsal数据告诉我们，在英国，人们做爱的频率下降了。最近发布的Natsal 2（第2次英国全国性态度和生活方式调查，后文以此类推）则表明，在英国，一般人的性生活每周略少于一次，或者每月约3次。最近的数据分析也表明，越来越多的44岁以下的成年人在过去一个月没有性生活（在Natsal 3中，29%这样的成年人在过去一个月没有性生活；相比之下，Natsal 2中的这个数据是23%）。

这份Natsal报告还强调了世界上其他国家的性生活频率普遍下降，如日本、澳大利亚、芬兰和美国，尽管下降的趋势略有不同。但是，即使你一个月做爱的次数少于两三次，也不要惊慌。随着你继续往下读，你会发现做爱的频率几乎是没有意义的。如果你（或你的伴侣）一直觉得自己的性生活频率不正常，并认为到目前为止你的性生活频率应该比这高，那么这些数字一定会让你放心。当然，与你现在的或者英国平均水平相比，想要拥有更多的性生活也没有什么错。这份Natsal数据还显示，超过50％的女性（以及更多的男性）想要的性爱比现在多，但这是否是因为人们感到自己的性爱频率未达到预期的正常水平，或者人们是否真的不满意他们所拥有的性生活，我们还不知道。

你期望的做爱频率和你的做爱频率当然不是一回事，正如我们将在这本书中学到的，有很多因素影响着我们是否用"性"的行为来投资和满足我们的欲望。同样，性爱的频率和性爱的质量也不是一回事，性爱的质量对性欲有着巨大的影响。关于性话题的社交聊天通常倾向于关注人们有多少性行为，或者他们是否进行了所有的部分，而很少关注双方有多快乐。人们过多地注重性爱频率会让那些不常做爱但对性持积极态度的人感觉自己的性生活还没达到标准，但事实上，频繁但不令人满意的性行为通常不利于激发欲望，高频率不应该是性爱的目标。

性满足和性问题

Natsal最初是由一批具有公共卫生、社会科学和流行病学专业知识的科学家开创的，其设想是应对20世纪80年代末开始在英国流行的艾滋病毒。当时人们很清楚，如果不明确了解该国人口的性行为类型，就不可能通过减少传播来与艾滋病毒做斗争。从那时起，Natsal团队每十年就承担一次这项艰巨的任务。1990—1991年第一次得到数据，然后是1999—2001年、2010—2012年。最近的一次是开始于2022年的Natsal 4。如今，Natsal收集的数据包括性功能、性传播感染（STIs）和性行为等方面。

Natsal 3发现了英国人性生活的一些关键信息，特别是存在性问题的人比例很高。超过一半（51％）的女性和42％的男性表示他们存在性问题，例如缺乏对性的兴趣和享受、难以达到性高潮或有勃起问题，而这些情况在一年中持续了三个月或更长时间。人在各个年龄段都会出现性问题，接受调查的15 000名成年人（年龄为16~74岁）中大约有一半的人报告说，他们在性生活上并没有如愿以偿。这是一个庞大的数字，但参考一下在美国、澳大利亚和欧洲地区进行的类似研究（非西方国家这一数据更高），从相同的标准来看，这既令人惊讶，也不足为奇。

在Natsal 3中，人们被问到自己的身体是如何进行性活动的、对性生活的感觉以及性关系如何运作。结果表明，抑郁、身体不健康、人际关系困难以及无法与伴侣谈论性等都会给性生活带来障碍。当被问及在过去一年中是否有持续三个月或更长时间的性问题时，34％的英国女性表示对性缺乏兴趣，16％的女性表示达到性高潮困难，13％的女性表示会阴道干涩、不舒服，还有12％的人表示缺乏性爱。虽然这本书的重点不是男性的性经历，但你会惊讶地发现，对性缺乏兴趣也是男性的关注点之一，人数不到15％，这打破了一直存在的"男性永远想要或随时准备做爱"的神话。男性早泄和女性性交焦虑是男性和女性随着年龄增长而减少的两大性问题，这也许反映出性信心在个人一生中不断增长的影响。

思考一下这些统计信息：51％的女性存在性问题；在上一年的相当长的一段时间内，三分之一的女性感到对性缺乏兴趣。这个统计数字对我来说并不奇怪，因为我的诊所里到处都是女性，她们关心自己的欲望。众所周知，对性生活缺乏兴趣是人们寻求性心理治疗的最常见原因，你对此有何看法？想一想你的朋友圈、你的工作团队或刚才跟你一起坐在公共汽车、地铁、火车上的人，这些女性中有一半对性生活不满意，这就是英国人的性生活现状。难怪像氟班色林这样的药物被开发出来，希望为此问题提供"快速解决方案"，也难怪我的理疗室里到处都是渴望解决这个"问题"的夫妻。

需要特别注意的是，性问题和因性问题感到困扰之间是有区别的。在对性缺乏兴趣、疼痛或性高潮困难的女性中，只有29％的人感到困扰。这可能告诉我们，相当一部分有性问题的女性都能很好地应对它，并没有把性问题理解为她们的问题，或者她们已经找到了解决的办法。

性对人际关系的影响

你可能想知道为什么这个话题如此重要。我的意思是，有人觉得性只是性，不是吗？性爱只是私下里寻欢作乐的"娱乐"行为，而不是一个关乎生死的话题。其实并不完全如此。性对于我们人类的价值，比我们通常给它的声誉更加重要。研究发现，人们认为性生活幸福比足够的收入或与伴侣的共同爱好更重要。我认为，我们不重视性的部分原因，是不了解它在日常生活和人际关系中的功能。现在，让我们看看相关的证据。我们是否了解不令人满意的性生活会对生活造成什么影响；而如果我们的性生活很顺利，又给我们的整体幸福感带来什么影响。

研究表明，当夫妻发生了性关系，他们更有可能在当天或之后的一两天内有一个不错的心情，并且对伴侣关系更加满意。有证据表明，性满意度对伴侣关系满意度的影响可能比伴侣关系满意度对性生活的影响更大。我在临床实践中经常看到这种情况。是的，伴侣对双方关系的不满意和性爱困难之间存在联系——如果你感到愤怒、被伴侣疏远或是不尊重，显然很难拥有令人愉悦的性爱。但我看到很多夫妻的情况恰恰相反，他们拥有一段美好的关系，唯独性对他们来说是运转不畅的部分。可能有一段时间，他们没有那么介意这个问题，并接受了性爱不和谐的事实。但是，随着时间的推移，这成了一方或双方的顾虑。他们来找我，想知道是否有可能让美好的关系和美好的性爱共存，或者他们是否需要接受性爱是关系中一个不那么美妙的部分。我当然也和一些夫妻沟通过，他们关系中的其他方面都很不错，但随着时间的推移，性爱方面的不和谐影响了他们的关系满意度和安全感。

有强有力的证据表明，良好的性生活与伴侣关系满意度以及关系稳定性有关，并且保持欲望对关系满意度有积极的影响。因此，尽管我们可能将性视为一种私欲追求，但有一些明确的理由表明，如果我们想要长期维持一段幸福的关系，可能要优先考虑性。有许多研究详细说明了不快乐的性生活对心理和关系的影响。除此之外，性问题还与伴侣之间貌合神离、有不忠的念头和个人幸福感降低有关。当对自己的性欲有顾虑时，女性的心理健康、自尊和人际关系通常会受到负面影响，她们担心如果不解决好这个问题，会给伴侣及这段关系带来消极影响。从本质上讲，性爱（当性生活和谐的时候）可以愉悦我们的心情，对我们的两性关系十分有益。在一段关系中，对性生活不满意可能会导致怨恨心理和彼此的疏远，或者会让一方或双方容易产生在其他地方满足其性需求的想法。

然而在这种情况中，有两个明显的例外。一种是无性恋，这种性取向意味着你觉得没有必要与他人发生性关系。有些人不太喜欢进行性行为，或者只是偶尔想进行性行为并为此而烦恼，但无性恋并不是这样。被认定为无性恋的人对自己的欲望没有任何苦恼。在这种情况下，缺乏性生活并不会像前文提到的那样，导致对个人或伴侣关系产生严重的后果，除非这个人与希望有性生活的人交往，那么这就会引发伴侣之间的问题。

另一种是非情侣或非一夫一妻制情况。在艾米·缪斯和艾米丽·伊姆派特于2016年发表的论文中，她们提出了至关重要的一点，即"不存在其他关系比伴侣更需要对彼此的依赖性，因为大多数长期夫妻都是一夫一妻制，并且在此基础上不能——或不允许——在当前关系之外满足他们的性需求"。而后她们继续讨论：如果存在其他方面对关系的不满，例如无法与伴侣轻松讨论工作困境，或者没有共同的兴趣，这些需求可以由我们的社会或家庭圈子中的其他人满足，但如果是一夫一妻制，则不可以通过类似的方法满足性需求。

我们为何苦恼？

多项研究表明，对于受性欲低落或性高潮困难等问题困扰的女性而言，她们更关心的并非这些问题是否影响自身，而是担心影响其性伴侣。如果回想下第1章中有关性别平等的政治背景，你会发现有趣的一点：如果我们得到的是与性伴侣同等的关注，为何会将他人的满意度作为性生活和谐的评判标准呢？

我们还知道，如果女性对于性生活的问题越担忧，就越倾向于认为问题"很严重"（而不是客观上的严重程度）。当然，这与我们认为性生活"应该"如何有关，其中尤为重要的一点就是性欲。

总的来说，我们在性生活中的表现常与认知中的"正常"标准不符，因此我们关心这个问题所造成的影响，比起对自己，我们更关心它对性伴侣造成的影响。

性关系中的欲望如何随时间变化？

在性关系的各个不同阶段，我们对它的感受将由最初的痴迷与激情开始，不断变化发展。最初阶段的特征是时常渴望靠近彼此，同时怀有痴迷的想法与爱欲的贪念。随后进入的是一个情感联系更亲密的阶段，即"伴侣之爱"阶段，这时双方更容易忍受与对方相隔一段距离。需要特别注意的是，人们在恋爱初期通常对性生活的渴望更强烈，而一段时间之后（大约一到两年），当他们进入"伴侣之爱"状态，对性的渴求度通常会降低。

常有来找我的女性将这种欲望的变化归咎于自己。安娜就是一个典型案例，她的描述与之前许多女性的相同："刚开始很好，我觉得自己很享受性爱，但一段时间之后，这种感觉就消失了。问题一定在我身上，因为在我之前的每段长期恋爱关系里都会出现这种情况。"女性经常不合时宜地将当下的性生活状态与恋爱初期那种不可持续的激情状态相比较，并认为就是这种变化导致自己性欲减弱。如果我们能意识到这是正常情况，并非我们的性关系或我们自身有问题，不是挺好吗？

关于这种随时间变化的模式，有两点重要事项要注意。第一，尽管对许多情侣而言，最初几个月或几年中性欲下降很常见，但不一定会导致对性欲或性关系不满的后果；第二，并不是每个人都会在性关系中经历欲望下降的过程，尽管这与性关系的持续时间有关，但并不意味着时间是导致性欲下降的主要因素。实际上，还有许多其他相关因素可能加快欲望下降的速度，例如性爱过程的可预见性、工作忙碌程度、见面频率、怀孕、过于亲密或疏远的关系，都可能是罪魁祸首。你可以在第5章中了解到这些，好在这些领域都可以积极培养、创造改变，只要你愿意去做。

那些能长久保持欲望而不受时间影响的情侣，大概就是那些知道如何维持性关系的人，又或许他们天生掌握这种方法，因此你也可以这样做。在了解什么是正常情况，并且相信此种变化不一定使性生活更加糟糕，与相信双方感情衰退不可避免之间，有一个重要的区别，如果相信后者，就意味着我们放弃了对美好性生活的向往。在一段长期关系中，性满意度下降不是注定的。

有必要指出，在这个阶段身体的吸引力对唤起性欲很重要，而且有研究表明，在关系初期如果能更多地被伴侣吸引，就更可能长久维持欲望。还需指出的是，双方关系中的动态变化会导致吸引力变化（无论加强还是减弱），同时也会使情侣双方再次在性生活中重视彼此，这些都将在第5章中介绍。我在性心理治疗工作中注意到，当性生活不如人意时，人们很难判断自己是否仍然被伴侣吸引，但事实并不一定真的如他们所想，他们只是不再以曾经的"那种方式"去看待自己的伴侣。以我的经验，等到以后他们的生活出现新的变化，从而将性关系带入新阶段的时候，再次回顾性吸引问题可能很有用。

可以预料的是，随着时间流逝，我们的性生活和性欲将面临挑战，而伴侣双方渴望性交的频率有所不同，因此常出现不匹配的情况，需要进行协商。Natsal 3的调查数据表明，伴侣之间有性欲差异很普遍，约有四分之一的人表示和伴侣的性欲产生频率有所不同，其他研究人员也认为伴侣之间的性欲差异不可避免。与之相似，在关系的各阶段，人们所渴望的"东西"也将发生变化，而且情侣们通常有必要在性爱方面，以及做爱频率上避免差异带来的影响。其中的关键在于，拥有良好的性生活并不总是需要双方想法相同，或者期望的性爱频率相同，而是成功地绕开这些差异。

男人不是从火星来的

长期以来，我们一直认为男性比女性更渴望性生活。这并没有得到所有研究结论的一致支持，因为这取决于如何衡量欲望，而当我们衡量某些类型的欲望时，会逐渐发现男性和女性之间的相似点多于差异。此外，我们关于男性、女性和性欲的预测都源于社会信息。因此，在某种程度上，当男性确实表现出比女性更高的欲望时，可能与他们认为自己应当遵循这种性别规范有关，就像同样被社会化的女性较少表达性欲望。男性希望自己常有对性的自发渴望，并随时有条件进行性行为，这种想法会造成负面影响。很多男性担心自己的性爱频率不够（如果你还记得上文提及的Natsal调查，报告中该数据为15％）。事实上，对男女行为的评测通常带有性别色彩，这种力量十分强大，然而在很多方面，男女之间的差异并没有我们认为的这么大。是的，诸如睾丸激素之类的雄激素在性欲中起着重要作用，是的，男性通常比女性具有更高的雄激素水平

（尽管差异不像你想象的那样大，而且有些部分双方是相同的）。但是，性欲强弱不同的女性的睾丸激素水平无明显差异，因此我们不能仅仅以激素为理由。正如你将在后文中了解到的那样，尽管欲望在某种程度上取决于生理过程，但它在很大程度上是一种心理状态。

当我们讨论性别问题时，一个重要的影响因素在于性别是一个社会概念，而生理性别和性别如何在人身上得到表现的关键方面（如激素、神经科学、染色体、生殖器和性别社会表达）有时并不能清楚地表明性别的二元性（如对于双性恋者而言）。这意味着在科学上，我们很难轻易观察到"男性"和"女性"两个类别之间的显著差异。为了方便，我们所说的"男性"和"女性"这两个社会类别更像一种简略表达，因此在许多层面上，性别和性欲的表达方式也存在很大差异。

如上所述，在一段长期恋爱关系中，男性和女性的欲望存在的有趣差异之一，与关系持续的时间有关。年复一年，女性对伴侣的欲望更可能下降，而男性的欲望则更可能保持。薇妮斯蒂·马丁挑战性地描写了一夫一妻制对女性的要求。她汇集了人类学、历史学和性科学方面的数据，以了解女性的欲望。也曾有其他人撰文研究长期排他性抑制女性性欲的观点，性科学确实承认了许多女性在维持长期一夫一妻制关系中的欲望斗争。

在2005年进行的"全球态度和行为调查"中，关于两性性满足感的另一个有趣的事实是，在性别平等程度较低的国家，男女之间的性满足感差异更为明显，这凸显了人们在考虑性方面问题时，也要考虑社会政治背景这一观点的重要性。这个结论显而易见，即如果没有安全感、自主权和平等权，女性的欲望就会受到压抑。

有多少性欲算"正常"？

我之前提过，发生性行为的频率与渴望发生的频率不同。人们有时会在不想做爱的时候做爱，有时会在想做爱的时候无法做爱。那么，女性多久产生一次对性爱的渴望呢？研究发现，当被问及性欲水平时，很大一部分女性会说"从不"或"每个月一两次"。诸如此类的研究至关重要，它们帮助我们理解许多女性通常不会突然感觉性欲萌发，这是正常的。像这样的数据也为人们进一步了解长期恋爱关系中的性欲情况提供了基础，这些将在本书的后面部分提到。

这里有一点要注意：如何衡量欲望水平存在一些概念上的问题，因此我们很难确定怎样算"正常"。首先，我们已经理解了性欲是一种驱动力——所有人内心深处固有的自我组成部分之一。现在，我们又了解到欲望不是静态的，我们只能在某个确切的时刻衡量我们的欲望水平。其次，我们对欲望的新认识表明欲望水平取决于情境，因此当我们问起它时，并不是想了解对方内心的欲望水平，而是对方在当时那个"特定时刻"感受到的欲望。如果情况有变，对方的欲望水平可能会发生改变。再次，现在人们已经知道，女性的欲望在被触发时才能发挥最佳作用，欲望不是凭空出现的。因此在关于性别差异的早期研究中，用来衡量女性欲望水平的"你多久想到/感觉/萌发一次性欲？"这一问题已被认定为"错误的提问"。

尽管女性常说自己从未或很少萌生性欲，但在性科学中并没有设置性欲水平的相应标准。这令人惊讶：科学领域还有什么地方没设置规范和标准吗？我们有关于身高的标准、关于智力的标准、关于男性勃起需要花多长时间的标准等，这些都可以很容易地显示在钟形曲线上，其平均值在中间，我们认为大多数人在这个中间值上，但没有衡量欲望水平的标准。即使对个体而言，性欲的变化范围也太大了，而且情况多变，所以无法给出确切的定义。从本质上看，欲望与正在发生的其他一切情境之间关系紧密，它可能每天因不同的人、不同的关系而产生不断变化。

正如我们前面所讨论的，第五版《手册》大大改进了对"女性性兴奋障碍"的定义，取代了先前的"性欲低下"，也没有规定每个季度的性欲频率指标。此外，有建议认为应将性兴奋定义为对"适当诱因"做出回应，但这么一来，对于女性性兴奋障碍的判定就变得令人困惑。因为如果按这个定义，对性不感兴趣就意味着性兴奋障碍。另外，诊断标准的重要变化还可以有效避免无性恋者被病态化。但是直到我们整个社会更加全面地了解性欲之前，如何看待性欲仍然存在尚未解决的问题。我们为自己的欲望不"正常"而沮丧（在没有已知的正常标准的情况下），而且很可能将这种"正常"标准建立在不切实际的对自发欲望的想象中（但我们平常谈到"性欲不振"时，是指对"足够的触发因素"或由此产生的性欲）。所以即使我们从未真正了解欲望的运作方式，但感觉到的痛苦却不少。

我的观点是，除非大众文化使人们科学地理解了女性欲望的运作方式，以及她们可能期望获得的感受，否则女性如何判定自己的欲望水平以及与之相关的痛苦将完全由不切实际的幻想所驱动，而不一定是她们的性欲本身有问题。这是我写这本书的动机之一，因为我相信它可以帮助女性了解她们的欲望如何发挥作用、她们应怀有怎样的期望，以及如何在人际关系中保持自己的欲望，我希望这些内容能为无数担心自己的性欲水平不正常的女性带来改变。

我希望你从本章中了解两件事。第一件是，至少从调查结果看，英国民众的性生活目前没有达到"正常"标准，并且在心理和人际关系层面，如此广泛的不满与担忧都将带来潜在的严重后果。第二件是，这些问题如此普遍，分布范围如此之广，说明它们更可能代表的是社会大众如何理解和思考关于性的问题，而不仅仅是我们个人的性问题。我们的问题可能出在如何思考和理解性，以及对性生活的期望与实际情况之间的差距，因此本书的其余部分旨在带你发现关于性的社会观点是如何形成的，以及如何帮助自己摆脱困境。

第 3 章

基础上的差距

知识上的差距

除非你接受的性教育与我接受的性教育截然不同，否则它的主要特征可能是这样的：不要怀孕；注意性传播感染；最好就别做爱，好吗？在英国的教会学校，你甚至会听到其他一些箴言，例如"堕胎使你成为一个坏人"和"避孕是一种罪过"。祝你好运，有了这些基础知识，你就能踏上一条通向性快感的"康庄大道"了。

对于我们许多人来说，早期性教育就像是一通令人毛骨悚然的指责，来警告迫在眉睫的灾难。不仅很少有关于性的正面评价，以及无数可能来自性的好结果，而且对于我们中的许多人来说，连关于性的客观评价也很少，比如"性其实没什么的，只需要考虑到一些东西"。"性否定"是这个游戏的名称，并且由于人们不习惯在家中谈论性行为，这一信息可能被放大了。对于我们中的许多人来说，这种无助的经历使我们的性生活从一开始就受到了伤害，因为我们踏上旅途时过于专注于避免一切可能出错的地方，而丝毫没有考虑到如何正确进行。特别是对于女性来说，我们从性中最先学到的事是"很危险""你真的不应该去做""好女孩不做这种事情"和"你的名声会受影响"。

我们了解性的方式塑造了我们对性的认知。许多女性成年后仍然受性观念以何种方式被提及的影响，认为这是可耻、肮脏和不值得庆祝的事情。我们被灌输在进行性爱时要注意所有可能出现的问题，而不是所有可能发生的好事。它就像一个规定好坏的晴雨表，完全无视我们的快乐：我们被鼓励努力展现"一切都没有错"和"我挺好"的迹象，以表明自己有"好的性爱"。你将在本书的第二部分中看到，这种早期性教育在我们整个社会的关系和思想中广为传播，从而影响了人们成年后的性生活。这些是我将鼓励你远离的部分，也是你走向良好性生活的关键部分。

也许你的经历与此有所不同，在你的家庭里可以轻松地谈论性，你的父母会跟你讲述生理知识，我希望如此。研究表明，"性能力"更强的年轻人倾向于拥有更多积极的性经历，并延迟初次性经历。至关重要的是，早期的积极性教育可以使人们成年以后的性生活更好。"性能力"是凯耶·韦林斯及其团队于2001年在论文中首次提出的一个术语，目的是避免将年龄作为判断是否适合进行初次性行为的标准，因为只考虑年龄是武断的（两个18岁的人可能完全不同）。此外，社会大众原本规定的性同意年龄也随着时间的推移发生了改变。韦林斯和同事们建议取消仅仅基于年龄的"早期性行为"的定义和研究，而将首次性行为的时间定义为符合健康与愉悦标准的首次性行为出现的时间。因此，他们将"性能力"定义为做出自主性交的决定（出于自主意愿，而非同伴压力），在双方同意的情况下，选择"合适"的时间，并且有充分的预防性传播感染和意外怀孕的保护措施。

你的性爱积极性如何？

现在我们知道，无论是作为一个社会整体，还是作为年轻人的父母或监护人，我们希望传达的不仅仅是性别中立的观点，还要表达更明确的性爱积极性。当年轻人向你倾诉他们的性冲动时，我们最好不要有任何强烈的负面反应，而是帮助他们思考自己在性健康方面的选择，这可比我们许多人所经历过的糟糕性体验要好。除此之外，最好进行一次坦率的、公开的谈话，以此来庆祝性与欢愉，并讨论如何对待我们的身体，以及如何处理我们的性关系，使二者能达到最佳状态。想象一下：在你还是个孩子或青少年的时候，如果你接触了另一种关于性的介绍，你与性的关系现在会是怎样？如果有人告诉你：自慰是一件很棒的事，在适当时候的性生活很美好，阴蒂可以让你愉悦，尊重和同意很重要。如果将性聚焦为一种让人期待的美好事物，而非一种危险品或者道德上的错误，那会怎样呢？

许多人正在努力扭转这种消极的性观念对我们的性生活造成的损害。我们可以选择像成年人一样拒绝这些消极的观念，并朝着自己心中的性迈进，这不仅仅是美好的性，同样也对我们自身和我们的生活有益。为了做到这一点，我们可能需要置身于积极的性信息之中，或者能够注意到自动蔓延的、消极的性思想及其反应，并选择将它们拒之门外。稍后，我将告诉你如何做到这一点。同时我们也面临一个巨大的机遇，因为我们中的许多人都是父母、监护人、重要的家庭成员或年轻人的榜样，因此有机会为下一代改变这个状况。正如我们在上一章中了解到的那样，美好的性生活对提高生活和人际关系满意度的好处毋庸置疑，但如果有消极性思想的基础存在，就很难实现高质量的性生活。如果你将会对儿童或年轻人进行性教育，我建议你考虑以下这些因素，这可能会对他们成年后的性生活产生影响：

★知道如何用正确的语言描述他们的生殖器，并且不含蓄地说出来，越早越好。

★知道身体可以（以及如何）给他们带来快乐，而且这份快乐是美妙的。

★知道自己的身体是属于自己的，他们可以随心所欲，包括对别人说"不"（比如不必因为鲍勃叔叔想要一个拥抱而被迫给他拥抱）。

★了解性和性别表达上的多样化。

★知道什么是性、什么不是性，以及它有什么惊人之处（但并不意味着性一定与爱情或承诺有关）。

★了解色情作品中表达的性和现实生活中的性爱之间的区别。

★使他们了解避免怀孕和性传播感染的方法，以及如何做出选择。一旦他们做到这一点，也就不必担心性了。

在学校进行良好的性教育和人际关系教育非常重要。近年来在这些方面，英国取得了长足的进步。这不仅是学校的责任，也是父母和监护人的责任。因为良好的性教育是终生的追求，从幼儿期开始对身体、性别、认同和界限等方面的态度进行的教育，跟青春期的性教育一样重要。成年人最好通过言传身教来做好这一点，这是一种整体的、始终如一的、有意义的方式。有一些专业的社交媒体和网站会为那些自身从未接受过此类教育，但试图了解其可接受范围、操作方法以及涵盖内容的父母和监护人提供指导和资源。如果你想了解更多，那就好好研究一下，你将为孩子未来的性生活和性关系满意度打下坚实的基础。

解剖结构与性快感

对于女性来说，阴蒂是性快感的来源之一，它包含了与阴茎相对应的结构和神经通路。通常我们并不是特别熟悉这部分的解剖结构，因此，就其全部功能和结构而言，得知阴蒂的尖端（阴蒂头，这是你经常在阴蒂上看到的豌豆大小的部分）只是冰山的一角，可能会让人有些惊讶。实际上，阴蒂在皮肤下延伸，长约9厘米、宽约6厘米，整个结构看起来如下图。

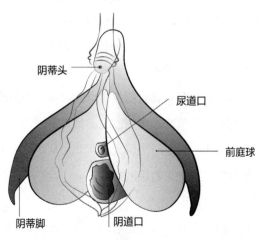

阴蒂的完整结构

在结构和功能上，阴蒂带给人的快感是很难言明的，它在兴奋时会充血，当它被刺激时，是性快感的关键来源。它的作用就是提供快感。

让许多人感到震惊的是，在我们发现了挽救生命的艾滋病抗病毒药物，以及鉴定并绘制了人类基因组中所有的基因之后，阴蒂的完整结构才在2005年被发现和公开。而真正令人失望的是，阴蒂的完整结构实际上在1844年由德国解剖学家乔治·路德维希·科贝尔特首次发现，只是在之后的一个半世纪里，科学界决定不将这一发现纳入大多数解剖学图表、解剖学文本或女性骨盆模型中。马克·布莱奇纳就此事撰写了一篇出色的论文，描述阴蒂是如何在一个多世纪的过程中被反复发现然后又被遗忘的。他还谈到了这样一个事实，即大多数解剖学家都是男性，这也许不是巧合，我们在第1章中讨论的性科学中的男性偏见与此相对应。

然而，在2005年，外科医生海伦 O. 康奈尔和她的团队展示了一幅核磁共振成像，阴蒂的整个结构再次浮出水面。此后，随着人们在3D模型、珠宝、艺术品、动画和服装上使用它的图像，阴蒂得到了更多的展示，但是对于许多女性及其伴侣来说，看到它仍然常常是一个惊喜。鉴于阴蒂具有提供快感的力量，在讨论女性生殖器官的解剖学时，人们常常忽视它，反而倾向于讨论其他部分，例如阴道、子宫和卵巢。这是一个巨大的讽刺。从本质上来说，有关女性的解剖学突出了对他人有用的那些部分，我们的知识基础有些是错误的。

如果我们更多地谈论有关自慰的话题，那么我们是否就能更自信地去了解阴蒂？如果我们想要获得快感，我们是否乐意去了解阴蒂在性爱中扮演的角色？例如，我们知道，大多数女性的自慰方式都是刺激阴蒂（用手指、性玩具或者某一物体），这对于大多数人来说是达到性高潮的最可靠的途径，因为它直接刺激了阴蒂头以及其他内部结构。同样，对于一小部分女性来说，将阴道插入作为辅助手段，也可以享受不同的感觉，这也是比较常见的，而且鉴于阴蒂的前庭球和两个根（称为"阴蒂脚"）位于阴道壁的两侧，阴道插入也同样刺激了阴蒂，尽管并不是那么直接。很少有女性在没有额外刺激阴蒂的情况下而将阴道插入作为唯一的自慰行为（只有不到5%的女性会这么做）。有关女性依靠器具进行性行为的统计数据充分说明了女性身体需要什么，以及会对什么做出反应。

高潮上的差距

男女不平等的根源及其对女性性生活的影响，主要体现在男性和女性发生性关系时的性高潮差距。如果你还没有听说过"性高潮差距"这个说法，打个比方，那相当于我们发现英国广播公司（BBC）在同一场演出中向男性支付的费用要高于女性。性高潮差距将女性的性生活定位为女权主义问题。它引用了近二十年来发表的几项关键研究成果：

★尽管我们的观点一直被引导，但女性的身体并不比男性的更"棘手"。男性和女性在自慰时可以达到大致相同的性高潮（超过95%的男性和女性的的确确可以在几分钟内以这种方式达到性高潮）。

★当男人和女人发生性关系时，95%的男人经常或总是获得性高潮，而女性的比例下降到65%；进行偶暂式性交的女性达到高潮的比例则更低（只有18%的女性常常在偶暂式性交中达到性高潮，这是一个令人沮丧的数据）。

★与其他女性发生性行为的女性，在彼此发生性行为时高潮率较高（约为85%）。

★女性自慰或与其他女性做爱而发生性高潮的频率告诉我们，女性具有与男性相似的性高潮能力。

★从中我们可以推断出，当女性和男性发生性行为时，女性比男性性高潮少的原因并不在于性欲、获得快感的能力或生理结构，而在于如何进行性行为以及谁的快感被优先考虑。

为了弄清性高潮差距产生的原因，我们需要了解哪种类型的性行为与女性的性快感和性高潮最相关，以及这些快感与高潮如何与女性的性行为类型相适应。

我曾谈到达到性高潮的第一选择是自慰。尽管一小部分女性很难独自达到性高潮，但大多数女性即使不能从其他类型的性行为中得到高潮，也能从自慰中获得可靠的性高潮。排在自慰之后的是伴侣用他们的手去刺激阴蒂，然后进行口交，最后进行抽插式的阴道性交。

有趣的是，对于男人而言，"经常"达到性高潮所依靠的方式是不同的。抽插式性行为在自慰中居于首位，与通过口交或用伴侣的手进行手动刺激相比，男性更青睐抽插这种方式。尽管抽插式性行为带来的快感在性别上存在差异，但相比同性性行为，它在异性性行为中更加重要，并且出现的频率更高。与女性发生性关系的女性，其性生活的主要特点之一是，她们通常拥有更多的性行为形式以及更高的频率。例如，除了口交和阴蒂刺激外，还有抽插式性行为。这表明，与与男性发生性关系的女性相比，她们的性高潮（以及普遍的性满足）更多。与同性做爱的女性发生性高潮的概率是异性恋女性的3倍，而多次性高潮的发生率也更高。

与男性发生性关系时，女性性高潮频率下降的原因在于这种性行为本身，而非女性的性高潮能力。令人沮丧的是，性高潮较少的女性倾向于责怪自己，而不是外部因素，比如她们正在进行的性爱类型或者社会的影响导致她们没有达到高潮。这是为什么呢？原因在于，社会环境影响着我们对"正常"事物的判定，而这种判定影响了我们认为自己在性爱剧本中应当扮演的角色。

"性爱剧本"是社会上关于人在性生活中应如何表现的先入为主的规范，作为一种毫无帮助的观点，它使我们相信女性的性高潮是虚幻的，不应被期望，而男性的性快感更为重要（尤其是涉及"偶暂式性交"），且"真正的性行为"是阴道抽插（适合男性的生理结构，是男性而不是女性达到性高潮的最可靠途径）。

尽管并非所有人都知道阴蒂对女性性快感的重要性，或者仅靠阴道抽插所带来的高潮对于女性而言并不常见，但当女性真正了解了这些情况，她们只知道能从自慰中获得高频率的性高潮，而不是将其与同男性的性行为联系起来。因此，导致性高潮差距的不仅仅是女性缺乏对自己所喜欢的性爱的认知，还有很多其他的压力，包括不要"太过自信"，在会影响他人的时候不要把我们自身的快乐放在首位，不要违背我们对性的期望。我们将在第4章再次探讨"性爱剧本"及其对我们的影响，但是接受性高潮差距和男人在异性性行为中优先享有快感，无疑是父权制影响性行为的鲜明标志。

同样重要的是，就算我们不考虑性别差异导致的性高潮差异，性高潮也不是美好性爱的全部。性还可以带来很多其他的情感、关系和身体上的回报，我们应该把这些作为性体验的一部分。研究告诉我们，女性在获得的性高潮较多时，对性生活和性交的满意度会更高，因此，虽然我们不应该将达到性高潮视为性行为的唯一目标，但是我们也不应该低估它在整体的性满意度中的作用——尤其是男人和女人之间存在如此大的性高潮差距，并且性快感会对性欲产生影响。

"改变我而不是我的性生活"

在我的工作中，经常有女性来找我，因为她们担心无法达到性高潮。当我们开始交谈后，我发现了更多信息，她们确实有高潮，只是并非通过阴道插入的方式。她们解释说，她们可以通过自慰和/或伴侣为她们口交来达到性高潮，但这对她们或伴侣来说感觉还不够好。这时候，当听说这种情况很正常，并且大多数女性都无法通过阴道插入而达到高潮时，她们首先会感到震惊，然后会渐渐相信。事实上，大多数女性在没有任何其他直接或间接的阴蒂刺激的情况下，仅仅通过阴道刺激很难达到高潮。

女人通常会接受这个观点，但紧接着会问我如何帮助她们去改变，以便她们可以从阴道性交中获得性高潮。我向她们解释说，期望女人在不刺激阴蒂的情况下达到性高潮，就等于期望男人在不接触或不刺激阴茎的情况下达到性高潮。我有时会问她们：你们认为男人会不会愿意接受这个观点？她们可能会对这个荒谬的问题感到好笑，但这背后是有关女性性快感的重要的政治观点。在这个社会中，我们仍然不认为女性的性快乐和男性的一样有价值。我们很乐意实现这一目标，前提是实现目标的途径不会破坏其他人的体验（"其他人"通常是男性）。现在，女性仍然会咨询像我这样的人，她们希望寻找一种方法，一种规避自己的生理需求，而优先考虑男性生理需求的方法。

高潮竞赛

作为帮助人们获得所需性生活的心理学家，我完全不感兴趣的是，现在的媒体专注于女性快感的实现，而这种快感像是一只几乎滴水不漏的"圣杯"，他们会写像"14种不同类型的高潮"或"追求女性射精"这类的文章。性不是竞争，不是训练你的身体以便完成更多的事情。快感是快感，性高潮是性高潮，只要我们对自己的身体有所了解，谁会在乎我们每个人如何达到高潮。谈到性满足，人们强调以不同的方式来达到高潮或学习如何享受"G点"刺激，这已经完全脱离了重点。是的，以自己喜欢的方式探索自己的身体，并在实践过程中学习有关身体的新知识，这固然很重要。但是，良好的性爱不仅仅在于技巧，还在于肢体行为。因此，你不会在本书中看到"如何做"的指南，因为小贴士、诀窍和煽情技巧并没有切中要点：你与自己的身体、性别、性关系和性爱有怎样的联系，以及这些是如何帮助或阻碍你享受性爱的。正是这些因素使性生活变得有价值，使性欲和满足感得以持久。

语言上的差距

另一个关于性爱认知的基础性问题是，用来描述女性生殖器的语言不准确。在成长过程中，我们描述有关生殖器的词语都有很大差别，而且对于身体的某些部位，甚至它们存在的目的，我们一无所知。最近，夏娃呼吁（The Eve Appeal）组织开展了一项运动，将女性生殖器解剖图作为妇科癌症宣传月活动的一部分。结果显示，有44％的女性无法在解剖图上识别出阴道，而60％的女性无法识别出外阴。我猜测，当涉及阴蒂的完整解剖结构时，这一比例会更高。

数十年来，我们一直使用"阴道"一词来代指女性生殖器，将女性性解剖学的重要部分定位在完全错误的位置。"阴道"一词的广泛使用使人们下意识地认为阴道（通向子宫颈和子宫的通道）是女性性爱的全部，这是一种不准确的用语，加深了女性在性偏好方面的错误观念。

我认为如果能正确处理这个问题，女性的性满意度将会有一个巨大的转变。知识是我们追求性满足这一学习之旅的关键，它有助于为伴侣们打下一个基础，在此之上，人们的性满意度将不断提高。

性是什么？

我们对性的认知上有一个关键的空白，即我们实际上首先将性看作是什么。我猜如果在大街上问100个人"性"是什么，他们会形容这是一种身体行为。当然，性与身体有关，因为性经常（但不总是如此）涉及我们在身体上所做的事情，以及由此产生的感觉。人们很少将性视为心理，即关于我们的思想或关系（我们如何与他人联系）的心理。我想，更罕见的是这100个人中有人会认为性是我们所做的事情，是社会或文化的产物。事实上，性包括所有这些东西。在性科学中，性被广泛认为是一种生物社会心理现象。这意味着你无法将体内发生的事情与头脑中发生的事情，或者与你自己、他人、社会之间的关系分开。对于长期拥有良好性生活（尤其是在保持性欲方面）而言，这一观点的关键意义在于，它说明所有这些方面对于创造良好的性生活都必不可少。

了解性为何对我们有益

在性方面了解自己，并尽可能从性经验中获益的一部分原因是理解我所说的"性行为的条件"。你可以将这些条件视为一个相互关联的三角理论，这三部分对你的性经历至关重要。

构成三角理论的三部分

第一部分是心理性兴奋：指发生的事情与你心目中认为色情的经历或情境有多大关联，以及你与性伴侣的联系能在多大程度上满足这些需求。它涉及环境、信任、安全、爱、权力，不同性行为的刺激程度、视觉刺激、彼此的动态或联系、言语、吸引力、激情、道具、性感、亲密度、目光接触、你所扮演的角色，以及其他许多方面。三角形的这一部分可以被认为是现实中的性情境与你幻想中创造的或者能最大程度上激发你性欲的情境相匹配的程度。

第二部分是身体接触：指物理刺激与使你的身体舒适愉悦的物理刺激类型之间的近似度。从你喜欢的接吻类型到是否喜欢插入（如果喜欢，是在什么部位）、你喜欢的皮肤触摸压力，以及对生殖器的触摸速度和位置，可以是任何方面，比如束缚感、织物面料、体毛感觉、对方身体的感觉。这与心理层面存在一些重叠，因为你喜欢的性姿势可能既与身体接触有关（由于身体之间的接触，你在该姿势中感到最大的愉悦），也从心理上激发欲望（当你发现这种姿势很性感）。

第三部分是专注度：主要是指你"当时"的状态如何、是否有其他想法或注意力分散。可以是任何事情，让你感到担心、羞赧、焦虑，或被不相关的背景事物分散注意力。这是一个注意力集中程度的连续过程，一端是完全专注于当前状态，另一端是想法完全分散。现实中我们可能介于这两点之间，但是距离前者越近越好。

克莱普拉兹和梅纳德于2007年在一篇研究性行为关键要素的论文中指出："这种感觉身体完全活着，但不受精神干扰的特征是性行为的标志。"他们的研究对象将这种状态描述为"性兴奋淹没思想"，以及"我停止了所有在脑海中掠过的念头……不必去思考要将手放在何处，它就在那里"。当然，与此相反的则是在性爱期间，你的脑海中不断涌现着自言自语的评论，内容涵盖了"哦，不，他会看到我没有刮腿毛""我觉得不可能高潮了……我应该告诉他吗""是隔壁的猫在叫吗"。

对于这三个因素中的每一个，我们都希望尽可能接近理想条件、最高水平的心理性欲唤醒、基于个人喜好最愉悦的身体接触，以及对性爱过程的高度专注。这三个方面的内容对我们每个人来说都是不同的，这就是为什么人不可能"擅长"做爱，因为如果不主动询问或由对方告知，你永远不会知道对方真正的状况。你可能擅长谈论性爱或回应他人的反馈（这两者确实都是性爱的绝妙技巧，我们稍后将会学习），但是"擅长"做爱意味着有一种对大多数人有效的、"正确"的性爱方法，而事实并非如此。

如果我们真正感到自己处于开启状态（高度的心理唤醒），正处于愉悦的身体接触中，并且注意力分散或感到担忧的程度较低，那么我们正在满足"良好性爱条件"，而这种性行为很可能使我们感到愉悦。当然，我们的"良好性爱条件"并不是孤立存在的，还有其他会造成影响的外部环境，例如，随时知道满足我们的性需求需要什么、与对方协商交流想要的东西以及思考社会对我们这段性关系的接受度。这些方面将在本书的后面部分进一步探讨。但如果不了解每个人的"良好性爱条件"是什么，在与他人进行性行为的互动中，我们会处于不利地位。

良好性爱和维持性欲的条件

在本书的后面部分，你将了解促使我们想再次重复有益行为的过程，以及它与性欲的相关性。你还将了解性科学的最新发展，这些知识能帮助你在生活中始终保持性欲和满足感。理解自己的性行为的一个重要方面是，认识到"性"不仅仅是一件事，性的类型、性行为的方式、从性中获得的乐趣，以及性如何影响你对自身及所处关系的看法和感受，都是影响性欲和满足感的重要因素。"性"可以表示每天、每年、每段关系中的任意数量的性经历，了解何种环境下、何种类型的"性"对你有益也很重要。在我们考虑自己的性行为如何与对方相互协调之前，你就可以进行这种反思，即向内看待自己的性行为，因为你必须先对自己的性行为有一个清晰的了解，才能尝试与伴侣琴瑟和鸣。

我经常以"良好性爱条件"三角理论（第49页图）作为性心理咨询的起点，帮助来访者基本了解自己的性生活中哪些要素进展顺利、哪些需要进一步关注。我们会在这三个角度上各花些时间，写下他们所认为的心理唤醒和肢体接触方面的重要条件，并按照他们的现状与最理想状态的近似度，对其最近的性行为进行评分。然后，再花时间分析他们当时所处的状态，例如有超然物外的感觉，或者完全被感官或伴侣身体吸引以至于忽略其他所有事物，抑或找到是何种想法和注意力分散令自己感到困扰。

然后，我们继续了解三角理论的各元素相互影响的方式，你将在本书的后面部分确切知道这些过程是如何发生的。例如，注意力不集中会降低我们体验性感觉的能力，而性感觉越敏锐，就越容易令我们对此感到沉迷。高水平的心理性欲唤醒会带来很好的效果，但如果触摸体验不佳，唤醒水平就会下降。如果我们的注意力集中在自己的大腿长什么样或者对方是否在想前任，那么即使再高水平

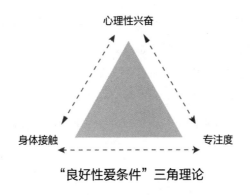

心理性兴奋

身体接触   专注度

"良好性爱条件"三角理论

的心理性欲唤醒和我们最偏爱的肢体接触也不会有任何效果。

　　我也有可能会用三角理论帮助人们反思和理解他们当前的性生活。有时候，我发现他们的身体需求无法得到满足，是因为伴侣不知道他们喜欢什么（或知道但不愿意那样做）；有时候，放任自己遵循伴侣的意愿令他们感到不安；还有时候，他们发生性关系的环境毫无情趣或令人分心，他们的思想往往在其他地方，没有大脑参与的性爱感觉就像完成各种动作而已。

　　你可以分两次画出这个"良好性爱条件"三角形，一次用于评价伴侣间的性行为，一次用于评价自慰，结果可能会让你大开眼界。因为两两对比可以明显反映出你的注意力集中程度与愉快的触摸体验感在哪种情况下更佳。例如，可能与他人发生性关系容易让人产生被评判的念头；也可能伴侣间的性爱才能唤起最高的心理性兴奋度，因为在自慰中你需要努力构建幻想，或独自回味难忘的记忆，而性伴侣的存在才能真正唤起你的性欲。

　　人们拥有的喜好没有对与错，所有（自愿的）性喜好和性表达都是有效的。 此外，由于我们的性取向、性欲、性需求和信心在不断变化，"良好性爱条件"三角形只能反映当时的情况，而不能作为生活的模板。因此，如果你想自己解决问题，我建议定期进行重复练习，因为你的需求会有所变化。你可以用它来计算当你独自一人（单身）或与伴侣在一起时，满足性爱条件的时间各是多少。在本章的最后，你将找到一个如何为自己绘制"良好性爱条件"三角形的指南。

露西与伴侣的"良好性爱条件"

身体接触：喜欢亲吻；从细微的感官刺激开始，逐渐进入激情深吻，同时轻抚身体，但不要挤压或抓挠；喜欢阴蒂隔着内裤被间接爱抚或压在耻骨上，不喜欢直接触碰，尤其在阴蒂暴露的情况下；喜欢上位姿势，使阴蒂能受到间接刺激。

心理性兴奋：喜欢随意的性爱，她可以探索新的身体，并在一个陌生人面前做真正的自己；喜欢新伴侣的新颖性，并且喜欢在某种程度上粗鲁的性爱；发现对胸部或肩膀的注视可以激起性欲；喜欢在豪华的环境中做爱；喜欢冒险；喜欢看到伴侣脸上的欲望；喜欢在性生活中谈论正在发生的事情或他们想要的事物；喜欢使她感到能"自由"表达诉求与喜好、有掌控感的性爱。

专注度：大部分时候是全神贯注的，但有时也会因环境、他们正在进行的行为、关注自己的腰部，以及考虑这种性爱是否是对方想要的而分心。

我们掌握的性知识是一生中性满足的关键基础，其中包括接收到的有关性的正面、中性或负面信息，以及对自身生理结构和性反应的理解。许多女性对于解剖学、性快感和其他方面的知识不足，而这些知识定义性满足并使我们得到性满足。这种知识上的差距因性别不平等而持续存在，这可以通过与男性发生性关系的女性通常比对方更少享受性高潮来证明。在心理和生理层面，对性行为有深刻认识，并且能够在性生活中保持专注，这些是与他人创造和谐性爱的起点。这些良好性爱的条件反映了一个事实，即性不仅仅是我们对自己身体的检验、每个人都有的（不断变化的）个人偏好，也将是影响我们性生活、创造令人满足且富有意义的性经历的先导。对许多人而言，性爱的实际感受与开启性生活时所怀有的期待有所不同，通过填补基础认知来弥合这种心理差距是我们的第一段旅程。

反思——绘制自己的"良好性爱条件"三角形

在一张纸上画一个三角形，并在每个角上分别写上"心理性兴奋""身体接触""专注度"三个标题。回想一下你与他人经历过的三种最好的和三种最糟糕的性经历，并试着回想一下这些经历中对你有帮助（或没有帮助）的一切，以帮助你填写每个部分。

完成此操作后，将你在现实性生活中未曾体验过但感觉想要的任何事物，以及自慰时对你有帮助的任何事物添加到三角形中，但内容要比伴侣间性行为的少一些。尝试在每一项下面都列一个表。

以下是可能有所帮助的一系列提示，但是"良好性爱条件"种类繁多，因此在你提出自己的意见时，不必受限于此清单。

☆ 与对方行为同步。

☆ 能够问你想要什么。

☆ 性张力/前戏/性冲动/悬念。

☆ 发出声音/听到声音。

☆ 性爱谈话。

☆ 视觉刺激，如观察臀部动作、看到肱二头肌有节奏地运动、潮湿的阴部以及有吸引力的身体部位。

☆ 眼神交流。

☆ 环境因素：照明、音乐、周围事物、材质纹理。

☆ 对身体的自信。

☆ 亲密程度。

☆ 咬。

☆ 突破界限。

☆ 接触类型：轻柔、坚定、抓握、拍打、抚摸。

☆ 亲吻类型和喜欢被亲吻的位置。

☆ 取得控制权/放弃控制权。

☆ 姿势（不仅指性交体位，例如亲吻的姿势也包括在内）。

☆ 性行为。

☆ 性生活中你喜欢如何看待自己。

☆ 你喜欢如何体验另一个人以及他在性生活中的行为。

☆ 对人的吸引力。

☆ 动物性的/激烈的性爱。

☆ 感觉自由/活力/精神。

尝试——与伴侣共享

如果你能够完成上一项练习，并且身处一段恋爱关系中，那么下一步就是将它与你的伴侣共享。最理想的情况是让他阅读本书的这一部分，完成他自己的"良好性爱条件"三角形。然后，当你们有时间和精力坐在一起讨论这些问题时，可以采用以下原则：

☆ 认真聆听并提出一些探索性问题，如"这是什么意思"。

☆ 不嘲笑或评判彼此的条件。

☆ 尝试不进行争辩。

☆ 谨慎使用讨论的词语，使谈话温和地进行。

一旦完成了对各种条件的比较（但要记住它们只是当下情况的反映，而不是一生性行为的明确映射），请讨论以下内容：

（1）你的伴侣的"良好性爱条件"三角形上是否有你以前不知道的事情？尝试询问更多信息。这些是你可能同意尝试/构建的吗？

（2）对于你已知的事情，它们在你的性生活中多久出现一次？如果不常见，受到的阻碍是什么？

（3）你与伴侣的"良好性爱条件"三角形会有所不同，这是正常现象，并非性不相容的迹象。总会有一些完全"不可以"的事情，你们俩都不觉得要强迫对方接受，这很好。但经过修改后，你是否准备做进一步研究？例如，你可能不喜欢舌吻，但你的伴侣喜欢，试着问问他的兴趣点在哪里，也许这种身体接触代表了对他的热情。如果是这样，可以用其他类型的接吻（如粗吻或深吻）代替吗？或者，尽管使用舌头不是你的擅长之处，但是对你的伴侣而言很重要的话，你可能还是决定偶尔这样做。接下来我将介绍"性给予"的概念，这种慷慨的方式会对长期的性满足带来影响。

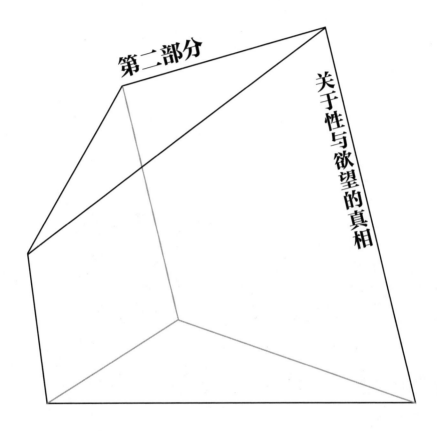

第二部分

关于性与欲望的真相

第4章

社会中的性

我在上一章中提到，当想到性时，我们通常将其视为一种生物现象或关系现象，即性发生在我们的身体上或我们与其他人之间。我曾与上千人谈论他们性生活中满意与不满意的方面，根据我的经验，我们好像很难认识到家庭、文化、社会和语言对性生活的影响。这些因素对性生活的影响非常大，以至于超出了我们视野所及的范围，因此它们的分量很难被发现。

以卡拉为例，她向我描述了一些令人不快或痛苦的性经历、性高潮困难，以及她试图接受或远离性行为的经历，这些经历本身几乎与欲望无关。她是一位二十多岁的白人女士，来自英国，她在大学里开始体验性爱，最初没有进行阴道插入性交，因为她觉得保留童贞对她来说是正确的选择。这都与其成长的家庭环境有关，她的家人不谈论性，也不谈及诸如阴蒂之类用来享乐的身体部位。当提到性时，潜台词都是"好女孩不会做这种事"或者"应当害怕去做这种事"，因为"很多事情都会出错"。

为了更晚失去童贞，卡拉觉得自己应该避免与男人发生性接触，正如她告诉我的："引导男人这样做对他们不公平""他们会被冲昏头脑""期望做某些事情却不进行插入性行为是不对的"。由于以上想法及她对自慰的负面看法，她到20岁才有了自己的第一次性经历，且对自己的解剖结构和性需求一无所知，她觉得在性行为中"献出"童贞的行为正是男人所需要的。她发现自己迄今为止的性经历都令她不安和不自在，有时还希望她的伴侣中途停止，但又怀着"我们已经开始，所以我希望他能圆满结束"的强烈念头。到目前为止，她的性经历大多是消极或中性的，并且基于下面这些内在信念：

★ 想要或享受性快感是可耻的，特别是对女性来说。

★ 男人更需要性，而不是女人。

★ 女性的角色是接受者，而不是性活动的推动者。

★ 女人的性快感不如男人重要，尤其是在偶暂式性交中。

★ 对于女性而言，外表好看和伴侣的满足感比个人满意度更重要。

★ 把女性的性经验与她们的欲望和需要联系起来是不可取的。

★ 一旦"特定的过程"已经开始，暂停就是不礼貌的。

对于卡拉来说，这些观念（它们完全植根于围绕性别、性别政治和英国传统价值观架构起来的社会规范和性爱剧本）并不是造成她当前困境的明显因素。相反，她来找我是因为她觉得因为自己是个女人，所以很难有性高潮，只有痛苦的性爱和低落的欲望。但是这些性问题并不出在卡拉自己身上，在别的处境中她不会有这些问题（比如她是男性），因为这些问题主要源于在现实生活中的各种规范。重新阅读上面的要点，想象一下：如果卡拉是男性，她获得的快乐或被满足的欲望会达到什么程度。当然这并不意味着卡拉不会在性方面遇到任何困难，只是类型不同而已。

这些关于性的内在信念来自何处？卡拉为什么会把这些性问题归因于她自身的问题，而不是拒绝这些无益的社会观念，拒绝进行类似的性行为呢？

社会规范对塑造性生活的作用

社会心理学家解释了我们如何与他人相处以及为什么这样相处。他们使用基本的心理学理论，例如顺从性、屈从性、社会学习和认同理论，从社会层面上解释了我们为什么要做自己正在做的事情。这些理论基本上解释了人类渴望融入与归属，从看到的事物中学习知识，并对自己和他人进行分类，在概括群体特征（例如"女性""西方""年轻人"）的基础上，努力迎合自己认同的群体特征，以求"合群"。我们谁都没有生活在真空之中，无论是否乐意，我们都会受到引导去做别人要求的事、遵守社会规范与行事准则。

社会心理学理论还解释了群体之间的流动状态，以及这种状态如何导致歧视、刻板印象和不公，如果我们不遵守这些社会规则，我们将面临被其他群体成员排斥或反对的风险。此外，这些理论还指出了社会如何通过他人的举止和媒体教我们如何行事。从本质上讲，我们接受什么样的身份，就会通过观察来学习相应的举止。

以男性气质为例。当有男性表露情绪或展现敏感的时候，常会被告知要努力成为"男孩中的一员"，或表现得"像个男人"。这是男性社群中的一些成员可能会对另一些成员的行为做出的回应，因为他们感觉到群体地位或完整性受到威胁，同时也因为男性在历史上一直具有"坚强"的核心感知特征。男性群体在历史上也有较高的特权地位，他们相信"男性气质优越"，不愿冒险失去它。

社会心理学的概念对于理解性行为的模式以及我们为什么这么做至关重要。即使我们从周围世界获得的性观点并非"真相"，但当它们被社会强制推行时，我们通常不会质疑或注意到它们带来的影响。此外，由于从原生家庭和周边环境中学到了"应有"的性别特征，我们形成了性应该是什么样子的观念，以及我们所属年龄、性别、种族、性取向、宗教和文化群体所能接受的行为界限。所有这些观念都对我们与他人发生性关系的方式产生了影响，然而，在大多数情况下，我们甚至不会意识到这些。这就是本章的内容。我的目标是加强你对社会信息或性生活规范所造成的影响的认识，并鼓励你采取行动以抵制任何令你不满的影响。

一、我们如何了解性

在家庭中，我们从一出生就开始了解性。在第3章中，我们谈到了如何通过听家长谈论（或至关重要的是，不谈论）快感、生殖器和性来达到学习目的。例如，我们通过选择性地说"不"来了解对自己身体的自主权，尽管我们不想做一些被要求的事（比如亲吻亲戚或吃完盘子中所有食物），但我们还是会做。在这种学习过程中，礼貌和社会规则压倒了个人身体或心理上的不适感，从而使我们更倾向于满足他人的需求。

通过家庭成员对外貌一贯的正面或负面评论，我们懂得了女孩

"长得漂亮"是多么重要，这往往比价值观、世界观或个人兴趣更重要。从带有性别色彩的特定用词中，比如"专横"，我们了解到女性表现出有主见是不可取的，这是不利的性别特征。关于社会学习（通过观看和模仿来学习）的理论告诉我们，我们所接触的成年人如何"处理"两性关系和性行为对我们在成长过程中如何"处理"两性关系和性行为产生了莫大影响。

我们还知道到了读小学的年龄，孩子们对性别的观念就已经很坚定了，女孩会错误地认为自己身体较弱，更难获得成功，并且比男孩更有必要"长得漂亮"。这可能听起来与我们的性生活没有什么联系，但绝非如此，由于女性"不如"男性的观念为父权社会铺平了道路，生活在这样的社会中的女性的晚年性生活将处于不利地位。

无须过多思考就能知道，这样的早期学习经历将对日后的性行为起到多么无益的作用。在这些早期的岁月中，我们可能会了解到性等于耻辱、性是错误的，或者我们在性中的作用就是取悦他人、表现出不错的样子并隐忍内心的不适。这对女性而言影响尤其大，这也突显了致力发展终身的积极性教育的重要性。

了解社会倾向和规范在性别方面的强大作用，以及它们与性别（以及其他背景，如种族）相关联的方式，对理解我们与性欲的关系至关重要。

性剧本理论指的是，社会和文化如何通过提供明确的期望和需要遵守的界限，来塑造我们的行为与互动方式，使我们符合它们的期望。这些期望很大程度上与性别有关，并受到舆论、语言和人际互动的影响。性剧本理论是性生活中社会心理的一种表现。尽管

"剧本"一词意味着这些想法是明确的（而且有时可以用语言来表达），但它们往往是约定俗成的，由媒体故事、民间传说和社会习俗所暗示。

性剧本的普遍性和影响已被大量研究，包括它们在媒体和文化信息中被传播的程度，以及人们是如何认同它们的。以下是一些在西方社会中占主导地位的性剧本，它们被广泛传播并影响人们的行为：

★ 男性是性的主体，被人渴望付诸行动；而女性是性的客体，从被渴望中获得满足。

★ 男性有较旺盛的性欲和"无法控制"的性冲动。

★ 在异性性行为中，男性达到高潮更重要。

★ 阴道性交是异性性行为中较重要的性行为。

★ 成为母亲和变老意味着女性应该减少性行为。

★ 男性通过高欲望和众多的伴侣展现男子气概，而女性通过性约束表现出女性气质。

★ 女性在性方面应该减少自信，减少主动进行的性行为。

★ 很多女性认为，她们应该在性爱过程中表现出男性对她们有很强的性吸引力的样子，并优先考虑男性的性快感。

★ 当男性达到性高潮后，性行为就结束了。

★ 女性更看重性爱关系和亲密感，而不是愉悦。

★ 女性有义务遵从伴侣的性生活需要，以保持关系满意度。

★ 女性要达到性高潮比男性更具挑战性。

还有很多，包括一些与互惠有关的话题，还有一些特定的关于女性性交的观点，我接下来会讲到。

性剧本理论意味着，如果我们选择违背这些隐含的社会"规则"，就会受到惩罚，表现为来自他人的反对，违规者可能会被贴上有问题和不受欢迎的标签。这在研究中得到了证实，当人们被告知与上述性剧本相关的场景，然后被要求去判断那些偏离性剧本的人，那些表现出这些性剧本之外的行为的人会受到更严厉的评价，并被贴上不那么讨人喜欢的标签（例如，在性方面过于自信的女性）。有证据表明，与长期恋爱相比，这些性剧本在偶然的性接触或一开始的人际交往中可能更具分量，但当下无论我们是否觉察到它们，这些性剧本仍在一定程度上影响着所有人。

你可能觉得好像知道这类剧本，但在性生活中并不相信或不喜欢它们。太好了！意识到它们对你的性生活有影响，这对于了解它们的价值并抵制无益的部分至关重要，但这通常并不容易。正如我提到的那样，社会规范让我们很难打破那些大众遵守的"规则"，因为社会规范会对我们的违背行为进行惩罚。只要看看"#MeToo"（我也是）运动，我们就能看出女性被当作满足他人欲望的物品的普遍现象。我们还听到了一些关于女性的恶毒的故事，这些女性被指控以某种方式的穿着打扮来"勾引男人"。类似的不公正现象太多了，诸如"男孩就是男孩"或"只是更衣室谈话"之类的辩解，使这些犯罪者都没有被追究责任。性剧本造成的这些后果是具有主导性、广泛存在且十分危险的，可悲的是，无论我们是否喜欢或相信它们，它们都会影响到许多人。

女性拥有的特权和自主意识在这里的影响至关重要。并非所有女性都具有同等的自主意识、特权和资源，我们不能假定她们有平等的身份。女性在性方面如何被看待，以及女性在公开拒绝这些性剧本的影响时能力有多强、安全性有多大保障，都受种族、宗教、文化和经济因素影响。性剧本可能是高度性别化的，但是它们对不同女性的影响也与其他情境有关。

二、无益的性剧本

如果我问卡拉既然插入式性交没有为她带来任何益处，反而令她不适，那她为何依然选择将其作为性生活的一部分。我保证她听后会看着我，就像我是个刚来到地球的火星人。"阴茎插入阴道式性交"（PIV）是一个固定性剧本，也被称为"真正的性交"，情侣之间无法想象没有这种性关系，甚至可能因其中一方拒绝而导致分手。我从未建议完全放弃PIV性爱，只是想证明一些普遍的性剧本拥有主导地位，以至于所有与之有偏差的想法似乎都是荒谬的。正是这种感觉使我们迎合社会惯例，去做某些"应该"做的事。

三、媒体对我们如何看待性的影响

在英国，我们通常每天与数字媒体互动约9小时，其中近一半时间用来看电视，另一半用于在线数字内容和社交媒体。我们所看到的、阅读到的媒体信息，都会对我们的想法、态度、行为造成影响（其中包括性剧本），这是众所周知并且得到证实的事实。我们可以从媒体中发现大量信息，例如我们的身体看起来应该如何，或者月经是不应该公开谈论的事情，或者对不忠于婚姻的人进行批判，或者阴茎的大小很重要，又或者我们的性爱频率应该是多少，等等。

所有这些信息都会影响我们的态度和行为，而一旦违背它们，我们就会产生对自己所属社会群体和身份认同的担忧。这种情况发生于我们通过媒体接触到的一切主流信息（比如有关食物的信息），但是性这个话题有其独特之处。在饮食方面，你可能经常在电视上看到展示比萨或冰淇淋等美味食物的广告，同时也会看到与之矛盾的信息，比如一些关于身体形象的图片告诉你"身材优美"的重要性。就饮食而言，你可以运用第一手知识，其中包括了解家人的饮食种类与方式，公开谈论个中原因，甚至听他们讲述自己与食物之间的关系，来平衡自己所面临的信息矛盾。

性之所以如此不同，是因为我们的生活中很少谈到与性相关的话题，这可能导致我们第一次看到与性相关的信息通常是在电视上，而且大多数情况下，我们也从未见过他人做这件事。既然没有公开谈论作为参照，我们只能抓取这些信息，并将它们当作关于性的绝对事实。总的来说，在我们的家庭、学校和社会中都缺乏关于性的真实谈论，这使媒体对性爱应该如何的观点变得更具控制力。

想想你最近一次在电视或电影中看到的性爱场面。它可能发生在一个男人和女人之间，并且基于常见的性剧本，几乎没有任何别的东西。

该性爱场景可能还含有自发激情，即双方都突然渴望在同一时间、以相同方式发生性关系。这种性欲的表现形式是我们惯常在电视和电影上看到的：自发、相互、同步的激情。难怪当自己的性生活与之不符时，我们会感到沮丧。那些表现一对情侣共同商讨性爱，其中一方表示喜欢，而另一方不喜欢的电视、电影又在哪里呢？谁会开始觉得不是十分投入，或者尽管性兴奋被唤醒，但激情并没有随之迸发呢？谁会看着对方说："如果我们不做家务而只做爱，我们会后悔吗？"我有时也在电视上看到这些场景，但它们通常被作为两性关系出现问题的迹象，而不是展示其真实本质：出现在正常、良好、长期的两性关系中的情况。

当然，有很多情侣已经在一起很长时间了，仍然用热切的目光注视着彼此，也常拥有自发且同步的激情时刻——我并不想将其作为长期关系中永不可及的神话，因为它绝对是可实现的。但同样是这些情侣，他们的性爱有时也会缺少情趣与活力，需要进行频繁的交流协商，重点在于他们愿意接受性生活会面临问题的想法，尽管他们同我们一样对这方面缺少了解。而在我们的剧本中，则没有这种处理问题的方式。

我们通常在电视上看到的性爱还包括一些接吻，紧接着就是性交，随之就是双方迅速达到高潮，然而他们的体位几乎不可能刺激到阴蒂。反复展现"性行为看起来应当如何"是我们性教育的一种形式，也是性剧本得以延续的一个重要方式。它造成的后果之一是我们开始将屏幕上展现的那种状况当作常态，而自己却无法以这种快速、便捷的方式达到性高潮，这种对比使我们产生挫败感（因此，一个显而易见且普遍适用的解决方式便是假装高潮）。我经常见到因性高潮困难前来问诊的女性，结果却发现，她们可以通过口交或自慰达到高潮，但通过插入式性交则不行。那种长久存在于电视上的性展示方式，对女性提出了一个不可能达到的目标，即在几乎没有任何递进过程的情况下，通过两分钟的插入式性交达到高潮。而如果女性无法做到这一点，就说明她们的身体有问题，即使你一开始并不认为大多数女性能通过这样的方式达到高潮。

四、色情片和性剧本

在英国，色情片的行业领域与电视行业一样广，正如你看的电视节目，有质量低劣、不道德或有辱人格的电视节目，也有主流电台播放的高质量、良心生产且有授权的电视节目，而色情片行业的范围也很广阔。色情片行业中确实有一部分对女性有所贬低，如使用的术语、进行的练习或编写的故事情节，这些东西固化了"性行为看起来应当如何"的无益成见，并且带有可疑的道德观。但是，也有许多色情片制作人在制作具有道德内涵的内容，使诸如多样性、自主性、平等享乐权和性同意之类的内容得到优待与展现。

我们了解到，很大一部分英国年轻人在青少年时期就已经看过色情内容。正如我们所讨论过的，在缺乏良好性教育的情况下，网络媒体可能是年轻人了解性的一种方式，尤其是看色情片。但是，日益增加的色情内容将如何影响我们的性剧本呢？我们该为此担心吗？

主流色情片的另一趋势是缺乏对女性性快感的关注。2017年，塞金及其同事们在《性研究杂志》（*The Journal of Sex Research*）上发表了一篇研究，回顾了长期以来播放量最高的50个Pornhub（色情片中心，知名色情视频网站）视频，分析其中是否包含诱发性高潮的行为（例如阴蒂刺激），以及它们在视觉及语言上表现女性快感的频率。在这50个Pornhub视频中，只有18％通过视觉或语言提示表明女性达到了性高潮，而表明男性达到性高潮的视频则占78％。在这些视频中，男性主导型性剧本表现为大多数女性都在被阴茎抽插的过程中达到高潮（尽管是错误的展现），而基于女性性快感的行为则作为"附加部分"。视频也对男性性高潮给予了更多关注，它是性行为终结的重要标志。

色情片并不是我们对性生活不满的根源，但是除非我们对性加深了解（并教导孩子也如此），否则色情片将依然是性教育的错误示范，并且可能随着时间推动性剧本的演变。

五、为什么这很重要？

我们的身体行为和两性关系的好恶影响着性生活，而社会与文化因素也同样有所影响（甚至可能影响更大），这一认知为我们享受性爱、体会欲望提供了巨大的可能性。了解这些能够帮助我们拓宽视野，并察觉社会影响的存在，帮助我们发现造成性欲问题的根源所在。不要忘了，过去的一年中有34％的英国女性对性缺乏兴趣。女性往往体会不到性带来的愉悦感（相比于男性，女性性高潮的缺失就是例证），而且她们通常被培养为在性方面没有主见的样子，不将自身需求放在首位，而将确保一切看起来都好放在首位。我们怎能忽视这种观念对性欲造成的影响呢？在这样的背景下，培养和维持欲望是困难的。

顺便一提，普遍存在的主流性剧本也为男性带来了极不利的影响，它会影响人们对男性气质的理解，即认为男人都会为性而狂、自我控制能力差，而且是不喜欢亲密关系的大胆性倡导者（事实并非如此），这也造成了男性的性生活问题。但这不是本书的重点，因为在性方面，女性才是目前处于更严重困境的社群。

让我们再回想一下卡拉。如果她当时能更多地考虑自己的性愉悦，她的性经历会怎样？如果她知道自己有权享受任何期望的性爱方式呢？如果她觉得没必要再进行插入式性行为，这对她的性伴侣来说毫无不公呢？如果她能感觉到自己对性释放的渴求与男性一样强烈，甚至更为强烈呢？如果她主导了性爱，且完全专注于她自身的欲望呢？如果你还不知道答案，那我可以告诉你，答案就是卡拉将不会坐在我的面前寻求帮助了。

想象一下：如果卡拉在一种鼓励寻求快乐、享受身体，而不是在以性为耻的家庭文化中长大，也许在早期性经历中，她会喜欢自慰，从而确切地了解到自己喜欢以怎样的方式被抚摸。如果她在谈论性的时候没有羞耻感，如果她所接触的文化认为女性应主动提出性诉求，在这样的引导下，她可能会在性爱经历中与他人一同探索自身喜好。通过这些经历，她本可以对此十分清楚且确定，会直接说诸如"我希望你的手指从我身上慢慢滑下去，在高潮快来的时候插入我的身体"之类的话。无论是缺少插入式性行为，或是将自己的快乐置于伴侣之前，抑或是担心伴侣会怎么看待她如此直接的要求，这些事情都将不再令她难堪。即使确实有插入式性行为，她也很可能不会感到痛苦，因为在此之前她的欲望已经被激发了（这是保持性自信、主动传达诉求的直接结果）。此外，她也能掌握抽插速度和频率，变得更有自信。而且一旦她觉得这种插入式性行为实在无聊或感到不适，她一定会说"我想现在停下来"，而不会担心影响到她的伴侣或危及未来的关系。她也不会受制于一次高潮，从而被迫中止性爱，哪怕她的伴侣已经达到高潮。

研究表明，性爱中自信心和自主性的形成，与恋爱关系中的性满足感和幸福水平相关联。与此相反，如果在性爱中一味服从，或过度关注伴侣的愉悦感，从而将自己的需求放在次位，则会减少性满足感并可能影响性功能。但我很少见到哪对情侣的性生活不曾受本章讨论的性剧本的负面影响，也很少有情侣在第一次与我见面时，就真正反思了性爱中的细枝末节。其中最重要的一点就是在目前的性爱过程中，哪一方的需求会优先得到满足，这是产生问题的背景。他们通常谈论很多关于性的内容，但主要集中在女方的"低性欲"及其解决方法上。社会和文化对女性性需求的关注远少于男性，这种情况造成的影响极大，以至于我们身在其中而浑然不觉。

丹和瓦妮莎已经相伴11年了，他们来找我是因为两人都觉得瓦妮莎的性欲已衰减到微乎其微的地步。当谈到他们的性经历时，我发现瓦妮莎（与大多数女性一样）最喜欢以阴蒂刺激作为性快感的主要来源。事实上，她在自慰时会用一只手或一个振动器刺激阴蒂，但却从未想过将插入作为自慰的一部分。尽管自慰频率不高，但她能从中体会到高度的性唤醒和愉悦感。丹和瓦妮莎已经习惯了在做爱时先接吻几分钟，然后瓦妮莎给丹做口交，之后再进行插入式性行为，直至两人高潮。这种性行为的发生主要基于我们之前讨论的社会剧本——性爱看起来"应该"是什么样子，并且主要集中在丹的性快感和体验上，并不是丹故意安排这种性行为来限制瓦妮莎的愉悦感，也不是瓦妮莎已经意识到这种性爱习惯远不能为她带来愉悦感。归根结底，他们只是在重现一种社会所构建的性爱模式，他们已经在电视上无数次看到过这样的场景，这就是他们眼中性爱该有的样子。但是，如果我们了解瓦妮莎期望从这种结合中获得怎样的生理馈赠，那她的性兴奋和愉悦感日渐衰退也不足为奇了。如果不解决这个问题，就不可能出现充沛的激情。

六、性剧本的不平等与祸根

以我的经验来看，当提到性爱时，像瓦妮莎和丹这样的情侣就会陷入一种固定模式之中，这种情况十分常见。

他们通常开始时会带着点急躁和笨拙，这就是开胃菜，而后把插入式性行为作为主菜。我常说，最好把性爱当作自助餐，你可以按任意顺序去选择任何你想要的东西，不必每次都包含相同的东西，也不必每次以相同的菜肴作为结束。想象一下，这将会多么新颖和令人兴奋！

性爱可以是两个人发生性行为，但没有插入，也没有高潮，或者也可以只关注其中一人，而不碰触另一人的生殖器。

性爱是可以随心所欲的。

第2章中提及的Natsal调查数据告诉我们，在没有插入式性行为的情况下进行生殖器接触，与更好的性功能之间存在相关性。如果你每次做爱都有"相同"的性行为，很有可能会降低你的性功能，因为这太容易被预测了。而且正因为性爱一直进展得不太顺利，性功能水平较低的情侣或许很少会有其他类型的性行为。无论哪种方式，重要的是，如果你要长期保持性满足，就要注意这种总是点"固定套餐"的行为所带来的危害，尤其是如果你打算"余生每晚都在同一家餐厅吃饭"的话。

在社会各领域，我们都不断争取女性的平等权利，但在性生活方面却远远落后。女性经常会遇到与自己的生理结构不完全匹配的性行为，而后因没有体验到"适量"的愉悦感或性高潮而感到羞愧和内疚，或因此受到性欲方面的间接影响，她们甚至没有意识到罪魁祸首是这些局限的、令人失望的性剧本。

这就是卡拉来找我咨询的原因。

七、假装性高潮和性剧本

我们知道，女性经常会假装性高潮（有50%~65%的女性报告说，她们一直或经常假装性高潮），而且其原因各种各样，例如：

★ 想要看起来像一个"好的性伴侣"。

★ 想要结束性爱。

★ 为了顾及伴侣的感受。

★ 作为一种为她们自己或伴侣增强性快感的尝试。

★ 为了避免冲突或解释。

★ 想要避免伴侣的离开。

★ 为了避免羞耻，因为她们觉得自己应该有性高潮。

假装性高潮通过制造一种幻觉强化了我们现有的性剧本，即女性对性行为的满意度与男性一样。假装性高潮让我们看到了社会目前所灌输的错误信念，即大多数女性能在插入式性行为中达到高潮。假装性高潮也给男性带来了伤害，因为它在增强性快感方面提供了无益的反馈，男性由此产生了不切实际的期望——研究发现男性总是高估女性达到性高潮的次数，而低估女性没有达到性高潮的次数。假装性高潮是性高潮差距中的关键因素。女性假装性高潮的频率也反映出一些关于当前性剧本的关键点：女性会优先考虑伴侣的需求，这会阻碍她们与伴侣交流，说出自己真正想要的东西；女性的快乐被视为一种额外的收获，而不是必需的；即使出现令人失望的情况，导致女性希望停止性行为，她们也很难明确表达。假装性高潮本质上是一种症状，存在于我们当前的性剧本中。

八、性剧本中的互惠

在第2章中，我们了解到某些性行为，例如接受口交，通常与女性的性快感和性高潮有关。那么，在目前的性剧本中，这一行为又是怎样的呢？

十分有趣但也令人沮丧的是，大众对给予和接受口交的态度倾向于，为男性提供口交是女性应承担的义务之一，无论她们是否乐意，而男性为女性口交则被当作一件"工作量"很大的事情。或者说，女性认为如果要求男性与自己的生殖器亲密接触，会让他们（或许还有女性自己）感到不舒服，所以这种要求有些过分。

研究发现，在年龄为16至18岁的英国年轻人中，男性希望在性行为中接受口交的人数是女性的两倍（42%：20%），这种差异在其他国家的调查中也有体现，且贯穿于我们的性经历之中，影响伴侣双方的一生。社会普遍对外阴的气味、外表和味道存有消极态度，而男性的性快感也被认为比女性的更重要，这都导致了对女性在性爱中接受口交的关注被边缘化。

人们普遍认为，对男人来说，给予女性口交是不愉快的，再加上女性对外阴的外表、气味和味道感到焦虑，这种焦虑对女性的影响如此之大，以至于女性几乎使自己确信不喜欢接受口交。"不介意没有口交，或者完全不需要口交，已成为我们性生活的一部分。"然而这与数据形成了鲜明的对比，数据告诉我们：这是使女性最快乐的性行为之一。一些支持女权主义的科学家和作家坚持认为，女性只是不喜欢接受口交，而不是在给予和接受快乐方面存在不平等的双重标准，这就像是难以忍受的现实烟幕。坚持"我们只是不太喜欢它"的想法会使我们保持这样一种观念，即性生活是平等和互惠的，而事实上并非如此。

也许你觉得这种不平等的口交的另一种解释是，比起自己接受口交，女性更喜欢给男性口交，恐怕并非如此。许多女性表示自己不喜欢也不享受口交的感觉或精液的味道，但是当被问及为何还要这样做时，她们给出了一个社会性的答案："这就是你必须做的。"顺便说一句，享受口交的男性数量比女性的数量要多，这是另一个令人困惑的难题，尤其当你考虑到女性给予口交的频率是男性的两倍，而且对女性来说，接受口交是获得高潮的可靠途径。

令人遗憾的是，在我们的性剧本中，男性的偏好和快感的重要性被提升了。对女性生殖器的普遍不适，以及女性习惯取悦他人的社会文化，导致女性更有可能忽视这些因素，从而造成她们给予口交的频率远高于男性。如果你不愿接受口交，但又不确定自己是否真的不喜欢它，或者觉得自己没权利或无法放松地享受它，或许你应该尝试一下。与生活中的任何事情一样，通常我们做得越多就越自在，所以，无论是更加注重外阴的感觉，还是从伴侣那里得到是否愿意为你口交及其原因的肯定回答，或者只需观察多次口交能否让你感到更舒服，这些对你的性生活来说都是有益的。

九、社会与女性身体

身体形象在女性的性爱信心和性欲体验中起着特别重要的作用，并且许多重要的研究表明两者之间有着密切的关系。无论我们的体重、外形、尺寸，体毛的数量和位置，外阴的外观、气味、味道，还是阴唇的大小，我们总是担心性伴侣会怎么看待我们的裸体。虽然这些对身体形象的担忧并非女性独有，而且越来越多的男性也对自己的身体形象感到不安，但与男性相比，女性受到对身体形象担忧的影响要大得多。

对性外观的担忧使我们深受影响，而这一过程被认为是"物化理论"的副产品。"物化理论"认为，我们已经将（非常性别化的）社会剧本内化，即认为自我价值高度依赖于外表。因此，当我们必须赤裸裸地站在另一个人面前时，会过分专注于考虑从另一个人的角度会如何看待我们的身体，并且将其与不切实际的社会期望相比较，担心对方可能会做出的评判。像这样过分关注身体形象会导致我们在性爱中心烦意乱，而我们将在第6章中进一步讨论为什么这对于性享受和性欲至关重要。现在，我们知道（尽管这令人沮丧），糟糕的身体形象与性满意度低下、逃避性行为、性高潮困难、自慰或与伴侣性爱的欲望低是有关的。

毫无疑问，我们对身体的评判是妨碍我们性体验的关键因素之一。不过好消息是，对于一些有长期亲密关系和年龄大的女性来说，对身体形象担忧所造成的影响降低了，这意味着在生活中或在一段关系中，随着时间流逝，我们受到这些担忧的影响可能会减少。另一个好消息是，如果你有这种情况，就需要意识到这一点并明确立场，就像我在本章结尾建议的那样，因为这是一种减少对性生活不利影响的方法。

注意你的语言

语言既是人类社会的关键特征，又是塑造现实的方式。当谈到性时，我们使用的语言可能会让无用的想法和对于性的不满足感持续存在，也可能有助于解放自我和欲望。让我们来看看到目前为止，语言在我们性生活中所起的不良影响。

我不记得上次使用"处女"这个词是什么时候了。在工作中，我会询问关于人们独自或与他人进行第一次（双方自愿的）性行为的事情，这是他们性史上许多关键的时刻之一。我发现把"贞洁"这个词放入隐喻中，以此作为一种治疗干预，在与来访者谈话时非常有用。这是因为我选择的用词可以将插入式性行为的价值从一种"终极性行为"转化为一件你在性关系中可能重视的事情，甚至是无法让你满足的事情。因为你可能是为了别人做这件事，或者你认为这是自己应该做的。在我们的社会中，"处女"这个词被如此看重是因为我们已经陷入一个圈套，即偏爱插入式性行为，无论我们知道什么与之矛盾的情况，都会将其作为"决定性的性行为"。对于许多女性而言，其他类型的性行为（包括自慰）可能会带来更多愉悦感或亲密感，更适合作为初次性体验的内容，但在我们的社会所使用的语言中，这些性行为是隐形的。

当人们使用"处女"一词时，都会产生相同联想，这也是为什么这么多处于同性关系中的女性会被问到"谁是男性的一方"或"你们到底如何做爱"的原因，因为如果阴茎不进入阴道，那就不是"真正的性爱"。这个例子说明了我们的性剧本有多么狭隘，以及它们如何威胁与排斥那些被认为没有机会进行这种终极性行为的群体（他们当然有，但没有愚蠢到把它凌驾于一切之上）。

我们使用的其他一些语言也会助长无益的社会性剧本，比如"蓝球"（blue balls）。这是校园里的俚语，意思是男人的欲望是如此强烈，一旦他们开始了性兴奋的旅程，如果没有达到高潮的目的地，就会对健康产生影响——这可能是十几岁青少年的用语，但同样助长了那些性剧本，这在我的临床工作中得到了确切的证明。女性经常告诉我，她们觉得唤起男性伴侣的性欲，但最后却没有使他们达到高潮，就等同于把他们吊起来、撕扯、分离。在第7章中，当我们研究压力对女性欲望的影响时，你会看到这种观念的负面影响。有趣的是，在女性的性剧本中，她们很少对自己的性欲有相同的感知。她们认为性欲不被满足是完全可以接受的，并认为她们应该管理这种性兴奋的感觉，而当她们的快感被搁置一旁时，这种感觉就会逐渐消失。这一点在偶暂式性交的高潮差距中最为明显，如果你还记得的话，在这种情况下女性和男性伴侣在一起，达到高潮的概率约为18%。女性不担心生殖器会因为她们的生理需求得不到宣泄而"燃烧"或"爆炸"，而性剧本告诉我们，男性的欲望更为强大、更需要被满足，而实际上并非如此。

最后，在我们的语言中，我最鄙视的一个词是"前戏"，它的存在限制了我们的性快感和性表达。"性爱"是指任意的生理或心理行为，即将你的身体或思想用于性快感或性表达。我从不使用这个词，因为对我来说，它代表着通过语言建立层次结构，将某些类型的性行为提升为"更优等"或"更正确"的性爱。"前戏"一词至少存在三个主要问题：

★ 它指出了一种优于其他所有性行为的性行为，相比于女性，这种性行为对男性更有好处。

★ 它表明性行为遵循固定的公式，但对于大多数人而言，可预测性和缺乏新颖性通常是不利于性爱的。

★ 它将非异性恋群体排除在外，暗示他们进行的大部分性行为都不是"真正"的性行为。

请从我们的词汇中删除"前戏"一词，从现在开始停止使用它。性爱远不止一种行为，如果我们能这样看待和谈论性行为，所有人都会变得更好。

我们如何成为自己最大的敌人

社会上有许多具有讽刺意味的事情，其中之一就是我们长期赞成并保留着一些无疑会带来巨大痛苦的性观念。现在有太多关于性的无益观念浮出水面，我也许还能就此再写出一整本书。这里我选取了一些我在治疗过程中试图消除的性观念，它们对于我们在恋爱关系中如何体验性爱、感受性欲至关重要。

一、自发的性爱很容易

一直以来，我们认为性行为应该轻松自然地发生，无须相关人员的任何努力，而这种观念的产生也与我们在电视上看到的性行为有关。令我感到奇怪的是，我们经常听到生活中很多人的努力事迹，例如保持健康饮食、尝试某种改变，或将自己的素养保持在一定水平，在这些方面人们都会投入精力和资本，但在性生活上，他们却认为可以通过无须投入的自然方式很好地进行下去。

与之相关的想法是，规划性爱是不浪漫的，这可能就是因为人们认为"好的性行为"应该是自发的。"安排计划就是美好时光的对立面"，这种想法很有趣，因为它提出了一个问题：除性爱外，我们在生活中计划哪些本应令人愉悦的事情，会导致兴奋度或享受度降低？当你花时间思考想去哪些地方，想象目的地会是什么样子，憧憬自己在那里度过的美好时光，想象落在皮肤上的日光，或者想象你会感到多么放松，这些计划和憧憬会使假期变得不那么令人兴奋吗？如果你不知道自己要去度假，在最后一分钟才被带到飞机上，也不确定自己要去哪里，没有打包行李，在那一刻，更不确定自己是否想去度假或者已经准备好度假了，这样无计划的生活方式会更好吗？

我觉得，让人们对提前计划性爱一事产生反感的真正原因，在于他们认为被期待的"性"令人反感。从某种程度上来说，这当然是对的，因为压力和期望是真正的性欲杀手（更多这方面的内容可参见第7章）。但是留出时间进行身体接触，与事先征得性同意但实际上不确定是否想要性行为是有区别的。知道当天晚上会有计划地进行一场无压力、十分愉悦且能增进亲密关系的狂欢，这可能会促使人们渴望更多的性爱，也可能不会，但这一切可以说是浪漫的。知道这次性行为是有计划的，不仅可以引发对它的期望和幻想（这都是唤起兴奋和产生性欲的重要诱因），还可以让你把事情安排到位，提高其可行性。这个计划还能确保你关闭手机，不去查看让人备感压力的工作邮件，让你尽量按时回家，也不去接听姨妈打来的可能会持续一小时的电话。这样的计划也会引导你采取措施，让你与性爱之间架构起更好的联系、做好充足准备，从而增加对自己的身体吸引力的信心，可以是洗个澡，换上能让你感到自信的衣服，用音乐或合适的温度来营造一个舒适的环境。如果你想想"良好性爱条件"三角理论，就会发现一些有用的建议。

与自发的性爱相比，有计划的性爱还有一个好处是，它使情侣双方对彼此产生期待，也可以让你们互相调情，用一整天的时间去做准备，从而放大彼此的期待。说到性，在这个忙碌的时代，它需要两个人保持在同一步调上，那我们为什么不创造一些有利条件，投入精力去营造一个能使欲望蓬勃发展的亲密空间呢？这难道不是帮助情侣双方享受性生活的首要方式吗？

二、一周三次的神话

关于性行为和性欲，我最爱提及的社会传闻之一就是"我们每周应该有三次性行为"。这主要因为：①它非常普遍（情侣通常告诉我，这是他们想要的性生活频率）；②这与我们了解到的情侣实际性行为频率相去甚远（正如你在第2章中看到的）；③性爱频率与性满足感、性欲或愉悦感没有任何关系（将频率作为标准，并不能告诉我们关于性的真实体验）。然而，这个观念却依然存在！我完全不知道这是为什么（如果你知道就告诉我），但我知道它很难消失。这也使许多人感到压力巨大，因为一周三次这个"神奇"的频率让他们似乎感觉到了周围人的威胁。

三、对你的性生活做最坏的打算

我认为，严重阻碍性生活的另一种无益社会观念是，在长期恋爱中，性满足感或激情会不可避免地下降。这使我感到难过，因为一旦我们认同这个观点，它就会自然而然地成为事实。是的，对于某些情侣来说，性爱可能会在几年后开始失去吸引力。这是正常的性欲变化，也许与人们相互加深了解并改变交往习惯有关，也许与环境变化有关（比如同居或有了孩子）。可悲的是，人们一旦有了这种信念，那性满足感必然开始下降，而且它常使情侣不再采取任何措施来改变这种情况。但如果能正确认识这一现象并投入足够的精力，即使在恋爱过程中欲望会正常变化，它也可以维持数十年之久，与此同时性满足感也不会下降。从长远来看，保持良好性生活的秘诀是能够讨论并适应恋爱关系中不可避免的欲望起落和性行为的频率变化。在第三部分中，我将介绍能让性生活长久美好的因素，以及如何接纳这些因素，即使生活不如意，性生活也可以"欣欣向荣"。问题是，一旦我们相信自己正处于不可避免的性欲下降之中，没有逃脱的可能，也没有希望，就不会再努力适应这种性欲不稳定的情况。随着时间流逝，我们对性生活的评价和对性欲的看法会变得越发重要。

四、一夫一妻制的地位至高无上

一夫一妻制这种婚姻结构可能是影响我们行为的最好例子之一，正因如此，我们很难发现它的存在对我们产生的影响，反而臆断一夫一妻制只是人类的自然行为，而非如第1章所述，是受社会中宗教、经济和政治力量影响的产物。有趣的是，（在西方文化中）人们从一夫一妻的概念中认为人类天生就该一夫一妻，这就让我们误以为，婚姻的忠诚和满足感毫不费力就能实现，而对于那些被认为不忠的人，无论他们对自己的性爱关系是否满意，都会遭受社会的谴责。我常觉得，我们会不可避免地终身接受一夫一妻制，但这可能不利于性生活，因为它剥夺了我们离开的自由，并可能导致我们认为保持长期性兴奋和热情是理所当然的，无须任何滋养。我当然不是反对一夫一妻制（或反对任何关系结构），但我建议反思一下，我们该做出怎样的选择来更好地实行一夫一妻制，这将大有裨益（但我们有这样做吗？还是依然在做社会期望我们做的事情）。人们认为一夫一妻制的社会结构是"正常的"，甚至是"如果你们彼此相爱，就很容易实现这种一夫一妻制"，而我们为实现这种制度采取的鼓励方式又会如何帮助或妨碍我们的性生活，我对这些问题都很感兴趣。例如，根据我的临床经验，即使情侣之间缺乏良好的性生活，他们依然会认为一夫一妻制是容易实现、自然而然并值得期待的，但这种期望也可能是恋爱关系中的危险设想。

对于许多依赖恋爱关系和性满足的人来说，如果一夫一妻制被视为不易达成的事情，这又会对他们在性生活方面的投入产生什么影响呢？

我们错综复杂的身份和性别

到目前为止，在这一章中我已经谈到了很多有关性别的背景，以及性别会对我们看待性关系的方式和我们的性行为产生巨大的影响。性别是一个极其重要的概念，它不仅是塑造自我认知的核心因素之一，社会的性别架构还决定了我们应该怎么看、怎么做、怎么穿、怎么表现、怎么想、怎么做爱。同样，性别政治对性行为本身的影响，也对我们如何理解性满足感和性欲至关重要。女性的快感和欲望会受到身体自主性、自我认知、观点主张、愉悦度、互惠性和取悦伴侣的期望值的限制，因此这些因素也可能带来负面影响。

但是我们不能假设：构成我们独一无二的性经历、性理解和性体验的背景就止于性别和性欲的因素。至关重要的是，我们必须反思自己身份的其他方面，因为这些方面塑造了我们的生活和对世界的认知，影响着我们对性的体验。对于我们中的许多人而言，在我们与性和欲望的关系中，有些情境可能比性欲或性别的因素更有影响力。

在前文中，我们讨论了媒体的影响，以及我们在媒体方面的消费如何影响女性对性剧本的不懈坚持。这项研究的大部分（与许多科学研究一样）都带有偏见，并且主要针对白人女性，而没有考虑到不同社会文化因素以及性剧本会广泛影响不同人种的性体验。最近人们正尝试重新调整这种平衡，也有一些新研究指出了媒体对不同种族女性的性剧本所造成影响的关键差异。

我们知道性别化的性剧本具有约束力，这可能不利于女性的性健康，而且人们认为坚守剧本规定的性形象会削弱女性的性权利。但是，我们不能假定有色人种女性与白人女性在性爱方面遭受着相同的性别歧视。由于种族主义的影响，我们在社会性别方面存在着重要的社会历史差异，这些差异可以表明有色人种女性在性别和性行为问题上是如何被评判、被赋予刻板印象和区别对待的。

以其中一项研究为例，黑人女性表示她们关注于维护自己的性权利和性需求，因为她们害怕人们对黑人女性的负面刻板印象会强化，觉得她们"过于性感或唤起肉欲"。我们还可以在主流色情作品中看到种族主义的影响，以及对有色人种女性的压迫和暴力。在一些色情网站上，以有色人种女性为主角的视频经常被冠以"对其种族的迷恋"的标题，或在简介中指出她顺从于白人男性的羞辱。这些具有破坏性的想法塑造了一个令人悲哀的西方社会现象，其中对有色人种女性的性侵犯太过普遍，而且不太可能被定罪。

重要的是，文化、社会和独特环境对我们个人的性行为和性体验产生的影响比我们想象的要大得多。如果我们想与性和欲望建立起良好的关系，就必须注意我们的身份认知，以及在性别、种族、文化、年龄、身体能力、体形、阶级、宗教等相关方面，这种身份会如何影响我们的社会化学习。

这些身份对性产生了潜在的积极或消极影响，这种影响巨大，以至于有必要用一整本书来探究（有很多专门研究它们的书），所以它们不在本章的讨论范围之内。尽管如此，研究不同背景的作用非常重要，因为它决定了你是谁。你要弄清楚哪些你同意或反对的社会信息与这一背景有关，哪些是与之相一致的、哪些是相冲突的，又有哪些促进或阻碍了你当前的性表达和性欲。在本章的最后，我设计了一个任务来带领你完成这一反思，并将这些隐含信息明确呈现出来，这样你就可以清楚自己面对的是什么，并反过来掌控这些信息。

既然社会对我们的性生活和性欲有这么大的负面影响，我们为什么不说出来呢？

首先，有些事情是我们这个社会根本不予谈论的，因此人们也不会知道我们的性爱状况。我们很少被告知我们的身体是如何运作的，我们是可以拒绝插入式性交的，或者其他女人也不喜欢这种性交方式。没有插入式性交的性行为仍然是"性行为"，并没什么不寻常。如果我们一味盲从媒体上的信息，只会为前行带来障碍。

其次，我们在乎的太多。我们在意是否被人们认为是异类、在意是否符合常规、在意性伴侣的快乐或失望、在意是否会破坏美好的现状。这一切都可以理解，因为人是社会性动物，这些想法根植于我们的内心。我们渴望融入群体，和大家保持一致，况且我们还在制度和语言层面受到持续的性别政治影响。

然而，即便我刚从各个方面证明了性的概念是由社会决定的，它的伟大之处在于能随着时间推移而发生改变。这种变化会伴随着主导思想的改变、语言使用方式的改变以及其他文化价值观的改变而产生。尽管我们目前的社会观念对性生活有限制，但我们也知道，这些性剧本和观点在过去100年或者说50年中就已经发生了变化。所以我们可以选择反抗、选择不服从、选择大声说出对我们有益或无用的东西。我们可以拒绝那些不适宜的性剧本和约束性语言，可以尝试不同的性爱方式，观察它对我们自己、对性伴侣、对我们共同的满意度和性欲的影响。我们可以为这些性剧本谱写新篇章。

也许是时候在卧室里构建属于我们自己的"政治纲领"了。

本章要点

● 我们的社会、文化及其与个人情况（性别、种族、年龄）的相互作用，会对我们的性生活产生巨大影响。

● 这些性剧本和文化规范直接或间接地影响我们的性欲，通过制造错误观念，以此削弱女性的性欲。

● 语言是性剧本的关键载体，维持着性爱模式，限制了积极的性爱和快感体验，由此形成对性爱的狭隘看法。

● 在性剧本的形成过程中，媒体和色情作品发挥着重要作用，特别是在家庭或学校性教育不理想的情况下。

● 人们对女性性行为的看法并不统一。

● 尽管不相信某些性观念，我们还是会受其影响。

● 理解这些占主导地位的社会观念的影响，以及它们可能如何影响我们的性体验，是改善我们与性欲之间关系的关键。这些观念可能包括不能索求我们喜欢的东西，与别人的快乐相比我们自己的不重要，或者过度关注外表的重要性。

反思：你的性经历传记

回忆你生命中的性经历，写一篇关于你的性经历传记：

☆ 你对自己身体和自慰经历的早期记忆，以及你记忆中家人对此所做的任何反应。

☆ 在你的成长过程中身体部位是被如何命名的？

☆ 认同你的身体自主权。

☆ 任何不想要的性经历，无论你觉得它们有多"微不足道"。

☆ 随着青春期的到来，你的性欲是如何显现的，你对此感到自豪还是羞愧？

☆ 谈论性的方式以及对话中隐含的内容。

☆ 你生命中重要的成年人如何表现他们的性行为，你从中学到了什么？

☆ 小时候你对自己身体的看法是什么？你还记得哪些对自己身体的想法和感觉，包括体毛、外阴、体重和胸部？你得到过哪些关于自己"应该"长成什么样的信息？

☆ 在开始月经并拥有早期性欲后，你的第一次性经历如何，以及从中你学会了扮演何种性角色？

☆ 你学到哪些在性爱中该做或不该做的重要事情，为什么？性爱中优先考虑谁的快乐，你当时对此有何看法？

☆ 你和谁谈论过自慰？那性爱呢？

☆ 种族、文化、能力、宗教或年龄对你的回忆旅程有什么影响？

☆ 你从电视、杂志或网站接收到的信息是什么，这些信息对你有什么影响？

☆ 关于性爱，你内化的哪些信息是完全由性别决定的？

☆ 你对自己身体的了解（或不了解）对性生活有什么影响？

在写下自己的性经历传记后，请思考：

（1）这个传记对你现在的性生活有何影响（正面和负面）？

（2）你是否持续受到自己不认同的性爱观念或身体观念的影响，并有意识地想摆脱这种束缚？

（3）你该如何摆脱？例如，当前的文化和社会背景是否强化了这些观念对你的影响？一个很好的例子就是身体形象——很少有女人在裸体时，对自己的身体或生殖器感到满意，这主要是由于媒体上不断出现的"完美"身材的图片。解决这个问题的一个好方法是改变你接触到的东西，例如，管理你的社交媒体源。随着时间推移，再看到正常女性、各种外阴和积极的身体形象，你对自己身体的感觉就会有所不同。

（4）意识到这些影响是消除其力量的重要一步，但你也可以改变与它们相关的行为方式。例如，如果你一直认为谈论性爱是庸俗的，那就多和朋友或伴侣谈论性爱。如果你总是假装高潮，看看你不假装会发生什么。如果你只做过以插入式性交结束的性爱，那就尝试改变一下，以别的方式结束你的性爱。有时候，你可能不得不让自己离开自己的舒适区，但是主动拒绝这些性剧本的影响，是改变它们对你性生活影响的关键。

第 5 章

关系中的性爱

"我们希望它像刚开始那样"

在这个时代里，欲望和激情主导着我们对性关系好坏的判断标准，也是"优质性生活"在电视屏幕上的常用展示方式。大众文化认为，拥有长久的、充满激情的、不随时间流逝而改变的性生活似乎是神圣的。在诊疗过程中，我发现许多情侣之所以来见我，是希望性爱"像刚开始那样"。尽管如果人们致力于性心理治疗过程，它就会为性生活带来巨大转变，但通常重要的是知道我们在恋爱初期可能拥有的感受——因渴求、贪欲、痴缠而心烦意乱——并不能持久。因为其他东西代替了它，我们拥有了（在身体、性和情感上）亲密认识另一个人的机会，以及一段关系的基础，它可以引导人格、性认知和心智的发展。

有可能永远保持性爱质量吗？

在一次又一次与同一个人做爱的同时，绝对有可能保持高水平的性满足感和欲望，但这需要努力。在性关系的早期阶段，人们的性欲求往往较高，这与性生活稳定阶段所展现的特征是截然不同的（在那时我们将对伴侣有更深的了解）。残酷之处在于，对于许多情侣来说，他们在一段长期恋爱中重视的东西（安全感、彻底熟悉对方）可能会带来过度的熟悉感和可预测性，而这并非总有利于性生活。如果我们把以下观点，即在一段性关系中需要保持与伴侣做爱的渴望，却无须做任何努力去触发欲望，也归入那些无用且不准确的社会信息之中，就可以理解为何长期性关系中的不满是普遍存在的。

性发生在其他关系动态的背景下，这一点可能很明显。它意味着关系中满足感、刺激感、临场发挥的水平以及关系紧密的程度都会影响我们对性的看法。即使与临时伴侣甚至陌生人性交，也不能避免它对我们的性行为方式的影响（哪怕只有一小时的性关系）。但他们不熟悉我们，与我们不了解他们，两者存在明显的差异。做爱时，我们可能希望自己充满激情、富有创造力、自信、谦逊、安静、好斗、害羞、专注、感性、占主导地位、顽皮，等等。对于我们中的某些人而言，对陌生人做出这些性表达会更容易，因为作为陌生人眼中的"白板"，我们可以更多地摆脱自我，从而在性爱中下意识地展现各种不同版本的、矛盾的自我，而不必担心对方像发现了什么不寻常之事，说："啊！你怎么了？你平时不是这样的。"这种自由可以让我们表达多种性自我，对于某些人来说，他们可能会在长期恋爱关系中产生束缚感。

对于另一些人来说，在有安全保障的关系中冒险展现性自我的不同方面更容易。在这种关系中，我们可以放心尝试新事物，完全自由地充分表达自我。这里有必要考虑一下你在第3章中总结的"良好性爱条件"，在"心理性兴奋"一栏下写的性爱方式是什么？你认为其中有多少可以在性生活中实现？是否有出于某种原因无法进行的性表达？你所偏爱的性自我中是否存在一些方面，比如表现出攻击性，或处于完全放任状态；在何种情况下会更易控制：是与你信任的人做爱，还是与素昧平生的人做爱？

在关于长期恋爱关系的临床工作中，我结识了许多渴望与陌生人发生性关系的人，渴望的原因并不完全是陌生人的新颖性，而是因为他们在陌生人面前能够成为另一个人。随着时间流逝，性爱中的身体行为变得很容易预测，而我们作为行为的发起者，也同样变得可预测。我们有被定型的风险，从而使性表达的多面性受限，在不知不觉中，我们扮演的角色就被局限了。

在与汤姆相伴前，杰西享受体验多样的性身份，以灵活的方式转换于支配者和顺从者两种角色之间。她的性爱时而狂热、激情洋溢，时而舒缓、亲密、愉悦。遇到汤姆后，杰西也享受于经常获得亲密感性的性体验，这与她对汤姆的爱，以及二人拥有高强度情感联结的事实相符合。几年后，尽管他们还是彼此相爱，杰西却觉得这种性关系动态令她窒息。她并非不再享受舒缓、亲密、愉悦的性爱——她依然喜欢，但她怀念曾经珍视并在性爱中展现的那部分自我，即包含各式性爱的多样化表达，最关键的是她自己的性表达。

你可能想知道这为何与伴侣之间的关系有关？毕竟看上去只与杰西以及她想要的东西有关，而不是与汤姆有关。但事实上，杰西是通过汤姆的视角看见自我以及她在这段关系中的存在方式。

　　他们在性爱中的角色形象是由其性行为决定的，正因如此，汤姆才将杰西视为能共享感官愉悦的亲密者。一旦意识到这一点，杰西就会为偏离该角色形象的性行为感到歉疚，因此也不会试图去展现隐藏的性自我。此外，杰西有时希望汤姆扮演的性角色具有某些特征，即自信、主导、自私和冲动，但却发现她很难表达清楚。汤姆和杰西的关系动态限制了他们的性表达，引发了情感危机——不仅是性无聊，杰西还觉得自己需要去别处寻求互动。由于种种原因，有些人可能在未经协商的情况下，进行一对一关系之外的性行为，但有时这与我们被压抑的部分性欲有关，而非对伴侣的感情。

　　我们不应盲目认为一夫一妻制对大多数人来说很容易，尤其当我们自己或伴侣的性形象展示受限时。实际上有人认为，由于长期一夫一妻制对欲望的影响，女性的处境比男性更难。在过去几个世纪的历史中，英国社会主要遵循一夫一妻制，我们也因此认为一夫一妻制是"自然的"人类社会结构，且极容易实现。维持一夫一妻制意味着无论面对何种压力、环境或条件，一夫一妻制都将对我们的关系加以限制，同时也意味着人被分为两类，一部分"善良而忠诚"，另一部分则并非如此，这也是无益的社会成见之一。事实上，一夫一妻制可能与其他关系结构一样具有"挑战性"，我们应在做选择的同时注意到这一点。

　　当你读到这里时停一下，想想自己是否也有想展现的性自我侧面，但目前在表达方面受到限制。幻想并不一定表明我们在现实生活中想得到什么，但有趣的是，幻想中的自我形象（有掌控力、热情、在沉醉中被吞噬、被占有、充满力量等）与我们在现实生活中可能享受的性表达有共通之处。贾斯汀·莱米勒在2018年对一些最常见的幻想及其对人们的意义进行了有意思的研究。研究表明，当我们不再受社会对性生活的要求限制时，幻想可以成为我们了解自身性偏好的窗口。

性爱为何重要？

在向我咨询性欲或性交频率问题的情侣中，几乎没有一对是真的在欲望或性交频率方面有问题的。了解真正的症结所在，是为情侣性生活带来有意义转变所需完成的任务之一。

想要深入了解我们对性生活的看法，关键在于理解性爱对于我们个人和性关系的意义。只有这样，我们才能知道如果情侣一方或双方希望的事情没有发生，或没有以期待的方式发生，我们感受到的缺失感源于何处。了解了这一点，我们才能知道那对情侣曾付出的代价，以及现在可能困扰他们的问题是什么。杰西对性爱的担忧在于，她和汤姆的关系或性习惯对她的性表达造成的限制和影响。但是在他们的性生活顺利与否背后，又包含着何种信念或设想呢？

随着讨论逐渐深入，很明显，汤姆对性爱方式的偏好不仅仅取决于他的"良好性爱条件"，还与他对两人关系的认知有关。汤姆解释道：他热切地爱着杰西，并希望这在性生活中得到体现。而杰西则紧张且带有试探性地解释说：有时候她渴望更多的"动物性表现"，并且幻想着被汤姆"占有"，即希望他对自己的欲望是出于生理渴求而非情感联系。汤姆起初感到震惊和沮丧，因为他觉得这种变化意味着两人关系发生了变化，预示着情况会变糟。他认为杰西所说的"动物性"的性爱代表着男性对女性的不尊重。于是，我们进行了更多的讨论，逐渐开始理解杰西的这种偏爱变化，既是因为她希望重新审视与表达性自我的各方面，就像她往常所做的那样，也是希望两人所扮演的性角色能更多样化，从而增加性爱的新奇感。但同时我们也认为，这是两人在一起七年的影响，因为杰西知道汤姆非常爱自己，并对此深怀感激，但经过了那么长的时间，她希望感受到汤姆对自己的性渴求，而这就是她偏爱这种幻想的原因之一。

同时要注意的是，汤姆对于"性爱＝爱情，动物性的性爱＝不尊重"的观点是性行为的一个重要方面，这些被社会性别化的、告诉男性应如何对待女性的信息影响着汤姆的性行为倾向。这些观念可能是汤姆个人的"良好性爱条件"，但对于汤姆来说（正如我们所有人一样），他的"良好性爱条件"在很大程度上受社会、性别政治以及他目前所拥有的性知识影响。有趣的是，汤姆也可能压抑了某些方面的性自我，因为根据自己认知中性爱该有的样子以及女权主义观点，他担心这似乎不尊重杰西，或者贬低了两人之间的爱情。

关系、习惯、交流和误解都会对性生活质量产生至关重要的影响，这是本章的重点。但在一段关系中，每个人都怀有自己的观念、态度和历史经验，这决定了会有怎样的关系动态，而且双方进行的互动常是微妙且不可言喻的。

对于杰西和汤姆来说，他们的性生活受到存在于关系中的局限、常规和习惯的阻碍，从而限制了性表达。这也与他们认为不同的性爱方式表达了不同的含义紧密相关。我们需要理解关系中的性并不总是与我们或伴侣的性行为有关，有时则与我们对性爱的渴望程度或对伴侣的重视程度有关。

交流与重启

关于在良好性生活中交流的重要性，我已经写了很多。从研究中我们知道，与伴侣谈论性爱越多的人越会享受性生活，这种交流还能缓解性欲下降。其中包括谈论自己喜欢什么、讨厌什么、性爱幻想和欲望，以及不断变化的需求和偏好。听起来很简单对吧？要是没有我们在第2章中讨论过的基础知识水平差异，那可能确实如此。缺少练习、不知道正确用语、感到羞耻或从小被教育谈论性是粗鲁的，这些都会成为我们的拦路虎。将这些事情脱口而出会让我们感到脆弱和焦虑——我经常在性心理治疗中看到这一点，即使对于最自信、最直言不讳的人也是如此。无论在言谈方面多出色，我们依然不习惯这么做，因为我们生活在一个无法谈论性的世界中。

交流之所以很重要，有几个原因。首先，在我们的一生中，性生活（需求和喜好）会不断发生变化，我们和我们的伴侣都需要了解并谈论这件事情，以便更好地适应。例如，"自从我怀孕以来，实际上挺喜欢插入式性交的，以前没在意过这件事，以后我们可以多做一些。"

其次，性的本质是协商。协商内容可能是"作为一对情侣，我们想要什么样的性生活"，几周后可能是"我现在想做爱，你想吗"，随着关系发展，它可能变成"我想对你做××，但我不确定你想不想这样做"。如果没有交流，协商就很难进行。想象一下我们生活中需要与他人合作完成的其他事，如果不能相互讨论，该如何完成呢？谈论性对于协商至关重要，而协商则对良好性生活至关重要。恋爱刚开始时，或者当关系进展顺利时，性爱似乎就那样发生了，不需要进行协商。但这不是全部的事实，只是在欲念和渴求强烈的早期阶段，这个问题很容易被掩盖。但当我们想要不同的东西或生活遇到阻碍时，问题就浮出水面，挑战随之而来。到那时，我们可能无法就性问题进行协商，而且那时彼此交谈和倾听已普遍具有挑战性，即使是关于性之外的话题，因此重回正轨十分困难。如果我们都对自己的性关系有所抵触，或者很难言明自己的需求，这也可能会使重启协商变得困难。

最后，交流关于性爱的想法之所以很重要，是因为我们受到生活环境的影响很大，很容易陷入社会构建的关于"性应该是什么样子"的模式中，从而根据性剧本决定自己应该做什么，而并非根据个人的真实意愿。比如，我们可能需要主动地说："说实话，无论有没有插入式性行为，我都可以接受，我们可以不总是这样做吗？事实上，如果只有10％的性爱以这种方式结尾，那我会很高兴的。"否则插入式性行为将成为我们的主要任务。如果这恰好不是我们最喜欢的事情，那从长远来看，这将对性满意度和性欲造成影响。

在我诊疗过的情侣中，有成千上万这样的事例可分享。从要求使用润滑油的困难（"他们会把这看作是我性欲不足的标志"）到要求进行口交（"我很确定他不喜欢这个，因为他不常这样做"），以及如何开始性爱（"她以为我喜欢被咬耳朵，但事实上我觉得这么做很尴尬"）。治疗的关键转折点之一通常在于仔细谈论之前从未谈过的事情，我发现伴侣双方对彼此想法的主观臆断往往是错误的。在治疗中，我有时称其为"由差异导致的差异"（该术语由理疗师格雷戈里·贝特森提出），这些转折点表明"沉默"使我们陷入无益的旧模式之中。我认为性是生活和人际关系中最易产生误解的领域，为了长期保持良好性生活并满足欲求，谈论性爱话题至关重要。

正如前文所提到的，我们都知道如果因为社会文化的影响，而不谈论性、不掌握用于谈论的语言，或者不敢将那些字词诉之于口，都会加重性生活的困难。尽管上述做法听起来都很容易，但想象一下，当你想在一家书店买些一直想读的新书，却因为从小受到的教育而羞于采购，而书名里有那些你从未大声说过的或让你尴尬的词。

从某种角度来说，在进行性心理治疗时，我就是书店的主人。我试图让顾客觉得在这里购物是完全可以的，或者先提供一些他们可能感兴趣的书名，而不会对其喜好怀有任何偏见（因为对于他们来说，第一次说出那些词是不容易的，所以一般由我开始）。如果他们真的很纠结，我可能会提些建议，鼓励他们尽量不去想他人可能会读什么内容，避免受到影响。即便有人帮助，谈论性爱可能还是不易，但如果没有良好的沟通，我们在性生活中就会困难重重。

你可以了解的是，谈论恋爱关系中"任何"棘手的事情对你来说是否困难。这或许能成为一个晴雨表，来判定你与伴侣之间的交流是否对性生活起到帮助或阻碍的作用，毕竟性这一话题通常比大多数事情更难讨论。你和伴侣目前的沟通状况如何？你感觉对方是否在认真听、认真对待？方便提出一些交流困难的话题吗？当双方观点僵持时，你们是否会很快略过这个话题，还是会坚持不懈地找到解决方法，即使过程令人不适？你们之中是否会有一方对另一方的幽默感嗤之以鼻？你们中是否有一方希望另一方多用幽默来缓和气氛？你们中是否有人将任何艰难的谈话都理解为批评，对此感到害怕或急于防御？在所谈论的问题上，你是否有能力承担与对方同等的责任，还是似乎总有一方在独自承担？你们是否总是纠结于"正确"与否，能不能做到真正专心地倾听词语背后的情感含义，而不局限于表面词义？你能否承认错误并说对不起？

通常来说，可以改善情侣间交流的方法有很多。如果读完这部分内容之后，你想在交流方面做出一些改变，那我建议先设法讨论一些性生活之外的话题，其他方面的改善也会对性生活有所助益。在第三部分中，我们将重新讨论用何种方式交流改善性生活比较可行，我也会提出一些建议，但只有当你们已经没有基本问题了，这些建议才帮助。无论如何，请在需要时及时采取行动。

当然，如果你觉得关于性的交流主要就是谈论性，那也是可以理解的。事实上，在不用或不仅仅使用语言的情况下，我们还可以用其他一系列复杂、非语言或间接的方式进行交流，它们同样有用，但也存在问题。以安盛和杰克为例。

安盛在上班时一整天都在想杰克，总的来说，她为能与杰克建立关系而感到幸福满足。她认为晚上的性爱会很棒，主要因为她想展露自己的爱意，也因为以这种方式和他构建联系使她非常高兴。安盛向杰克发送了一条短信："让我们舒适地度过今夜吧（笑脸）。"希望杰克能够理解她的意思。当回到家时，安盛穿上了她觉得杰克会喜欢的衣服，并播放一些听起来性感的音乐。杰克进门见到她时很高兴，但又似乎被白天的遭遇和循环的唱片音乐搞得心烦意乱。他们一起坐在沙发上，安盛询问他这一天过得怎么样，同时用手指抚摸着他的后颈，看着他的眼睛。她吻了他，他吻回去，不久后杰克起身，告诉安盛另一件他刚刚忘了说的事。安盛问他是否要吃晚餐或一起洗个澡。他回答说很饿，所以一起吃晚餐就好。上床睡觉时，安盛在杰克面前脱下了衣服，直视他的眼睛，将他的手放在自己裸露的身体上。她在他的眼里看到了一丝认可的光芒。

在杰克理解安盛想做什么之前，你注意到安盛尝试了多少次间接或非语言交流吗？我们可以将其称为性发起。简单来说，发起性行为（这里的"性行为"指任何性爱行为）就是通过交流暗示："我们能××吗？"其方式变化多端，可能是直接的，也可能是间接的。性行为的发起是性爱中至关重要的部分，影响它的关键因素同样是交流。正如其他任何形式的交流，它可能会被曲解、误读，这是困扰许多情侣的问题。一方有发起性行为的思想或动机，但另一方却没有注意到，可能因为交流方式不直接，或者误以为这种交流与性爱无关，又或者因为他们过于专注于其他事情。与之相反的情况也可能发生——我们的性爱交流对伴侣来说可能过于直率，让性欲不强的他们感到了压力。在第7章中你可以找到更多信息，关于如何使性爱发起方式与性欲程度相适应，同时还有机会探索不同发起方式各自产生什么影响，又将如何激发或阻碍你的性欲。

关于性行为发起，还有些有趣的事情：性行为发起与性剧本有密切联系，过去几十年的研究表明，与男性建立关系的女性比以往更多地发起性行为，为一个过时但仍具一定影响力的性剧本带来了改变，即"男性比女性更应该发起性行为"和"男性是性的驱动者，而女性是性的接受者"。这对于女性的性行为而言是一个积极的变化，因为我们知道，性行为的发起方更容易在随后的性接触中获得满足感。

尽管女性发起性行为的频率与其男性伴侣大致相同，但研究表明，女性比男性更倾向于用直接的方式发起性行为。这意味着与异性交往的女性更有可能说："我有感觉了，我们做爱吧。"而不是开始轻轻地亲吻伴侣，并希望他们知道这意味着什么。对于这种情况出现的原因，研究人员认为，"男性总是随时随地待战"（你现在知道这种想法是错误的）这一性剧本仍然盛行，促使女性更愿意用直接的方式发起性行为。与之相反，男性更可能默认对方不那么喜欢性爱，因此他们在主动发起性爱方面会更温和地"试水"。

关于发起性行为的最后一点是，对性爱的喜爱程度因人而异，这是十分正常且普遍的现象，但是我们如何将这一信息传达给性伴侣，则会对我们的性满意度产生重要的长期影响。有研究表明，以一种宽慰的方式"拒绝"伴侣（"我真的深受吸引，很想做爱，但是手头工作很多。"）可以提高情侣的长期性爱满意度，而不是通过批评的方式（"为什么你一直都这么想做爱？我希望你不要再这么烦我了。"）

我们为什么需要性爱？

为什么性爱对我们、我们的伴侣或恋爱关系很重要？如果没有性爱又会怎样？首先，部分原因与我们发生性行为的原因有关。媒体提供的相关表述会让你觉得，性行为是由性欲产生的一种反应，但实际上并非一定如此，尤其是在长期的恋爱关系中。当然，我们希望性交过程中出现性欲强烈、唤起兴奋的时刻，如果少了这些，性爱将会枯燥乏味。但通常来说，它不是一开始就存在的，而是与时增长的，因为在关系刚开始时仍有其他需求要满足。相反，如果不能没有性爱，我们或我们的伴侣也会觉得缺少点什么，也会因此而苦恼。

2007年，性研究者辛迪·梅斯顿和大卫·巴斯对人们进行性爱的原因进行了一些研究。此前，已有其他研究证实了一些动机，比如"我很有做爱的欲望""为了缓解性紧张"或"保持情感上的亲密联系"。但梅斯顿和巴斯发现了更多原因。事实上，在心理学功能的其他方面，还有237种不同原因。无论是随机的、规律的，还是固定伴侣关系之外的性行为都是如此。性别因素在其中有很大的影响，很多女性发起性行为是出于情感因素，而很多男性则出于生理因素。如果考虑到多年来社会信息如何影响着我们的性观念，这就不足为奇了。

至于发生性行为的需求和动机，有些是为了享乐，有些是为了维持人际关系，有些是为了表现自己的魅力或感受对方的魅力，还有一些是为了安抚伴侣、履行义务、打发时间、释放压力或表现自我。你可以花点时间考虑一下这些动机在社会和媒体中的表现方式。性欲几乎总是被描绘成无法控制的性饥渴。我们很少见到一种性爱的表现形式始于一人对另一人的性唤醒，最终变得热情洋溢，许多人认为这是一种真实存在的体验，并将其当成完美的性爱。我希望你能明白类似"我想立刻和你做爱"这种欲望并非许多人的性动机，而且这在长期恋爱关系中也不是很现实。

有时，性生活缺失或不足会被情侣中的一方或双方认为是有问题的。我对此进行了一些详细询问，但从所得经验来看，人们实际上会说，这背后还有其他事情困扰着他们。比如性爱导致的冲突、感觉自己不正常、担心不能"满足"伴侣而导致他们出轨、感觉被伴侣拒绝、错过性爱带来的兴奋、无法表达自己、感觉被世界隔绝，等等。

这意味着，性生活中真正让你担忧的事情不一定与性爱频率有关，而是情侣中的一方或双方失去了以性爱满足对方其他需求的机会。在性爱方面，双方都有自己的主要动机、真正看重的东西以及想要做爱的原因。你知道它们是什么吗？如果我们不知道性爱对伴侣有什么意义，又怎会知道他们为何不满于当前的性爱次数和方式呢？

当我们没有最理想的性爱关系，或在欲望方面存在差异时（有时两种情况同时存在），了解我们自己和所拥有的恋爱关系是找到问题根源的第一步，即思考两个人之间到底缺失了什么。了解这个问题会为我们提供一些很好的线索，从而找到其他能满足需求的方式——或者也可以更加努力地提高性爱质量，而不是一味地关心性爱频率。

让我们再回到安盛和杰克的案例中，重新阅读前文中的描述，看看你如何理解安盛主动与杰克发生性关系的动机。

安盛在上班时一整天都在想杰克，总的来说，她为能与杰克建立关系而感到幸福满足。她认为晚上的性爱会很棒，主要因为她想展露自己的爱意，也因为以这种方式和他构建联系使她非常高兴。安盛向杰克发送了一条短信："让我们舒适地度过今夜吧（笑脸）。"希望杰克能够理解她的意思。当回到家时，安盛穿上了她觉得杰克会喜欢的衣服，并播放一些听起来性感的音乐。杰克进门见到她时很高兴，但又似乎被白天的遭遇和循环的唱片音乐搞得心烦意乱。他们一起坐在沙发上，安盛询问他这一天过得怎么样，同时用手指抚摸着他的后颈，看着他的眼睛。她吻了他，他吻回去，不久后杰克起身，告诉安盛另一件他刚刚忘了说的事。安盛问他是否要吃晚餐或一起洗个澡。他回答说很饿，所以一起吃晚餐就好。上床睡觉时，安盛在杰克面前脱下了衣服，直视他的眼睛，将他的手放在自己裸露的身体上。她在他的眼里看到了一丝认可的光芒。

你注意到了什么？

安盛并没有感受到欲望。安盛想要做爱，是因为性爱满足了她想对杰克表达爱意的需要，从而使她感到自己与杰克很亲密。这是一个重要的区别点。如果杰克决定今晚不与安盛做爱，那么对安盛来说，后果就不仅仅是挫败感，而是错过了一个与杰克亲密接触并表达爱意的机会。这种动机能通过性爱以外的其他方式来满足，但如果安盛或杰克都没有意识到这才是安盛想要的，就有可能错误地认为性爱（或缺乏性爱）是他们之间存在的问题。性爱很可能是满足另一个需求的工具。

了解你和伴侣的性动机很重要，原因有很多。如果你的伴侣比你更喜欢做爱，那你可能很容易陷入一个圈套之中，即认为他的性行为动机仅仅是为了释放性欲，或者表达一种与你无关的"性冲动"。情况可能确实如此（在某些情况下，对我们所有人来说都是如此），但与此同时，我们的判断也会受到性剧本的限制，比如，"男性总是想要做爱""男性每7秒钟就会想到性行为"的舆论都会将男性的性行为动机整体地简化为渴望做爱。事实上，男性的性动机比女性复杂得多。我们想要做爱的原因都很复杂，如果能对彼此了解更多，那当我们拒绝伴侣时，就会更理解他们真正需要什么，或者在不性交的情况下，找到其他方式来满足需求。

最初梅斯顿和巴斯对人们的性动机进行了研究，此后其他研究人员开始探索人们的性动机类型是否重要。他们比较了两种性动机，一种是为了获得积极结果，例如给予、接受快乐或体验亲密关系（出于"接近"目的），另一种是为了避免消极结果，例如引发冲突、使伴侣失望或防止伴侣离开（出于"回避"目的），分析两种不同的动机会对性生活产生多大影响，结果很有趣。事实证明，出于回避目的而发生性行为更有可能导致性满意度随时间推移而下降，例如避免连续吵架；相反，如果性爱是为了接近，那将提高性满意度，并使两个人对性爱的看法更积极。总而言之，以接近为目的进行性爱不仅可以提高性生活质量，还可以防止性欲随时间衰退。

我在工作中常遇到一些情侣，其中一人想做爱（如果没有"得到高潮"会感到烦恼），另一人没有性欲却不得不为了"维持关系和谐"而做爱。这样随着时间的流逝，他们对性爱的渴望可能会进一步减少。此外，这项关于接近或回避动机带来的影响的重要研究还表明，尽管人们经常为了取悦伴侣而进行此类回避性行为，但实际上并没有好的效果，因为以回避为目的引发的性行为也会降低伴侣的性满意度。这意味着，也许我们感觉做爱是为了安抚别人，但实际上却没帮到任何人，相反，这可能会使情侣双方的处境日益恶化。如果你也有这种情况，那请停止以回避为目的的性行为，从而解决这一问题，这一点很重要。研究还指出，如果你要求人们将更多的注意力放在接近目标上（例如，想出可能促使他们做爱的积极原因），他们会体验到相对更高的性满足感和性欲水平。这是一项很棒的性研究，它向我们表明只要留心关注性爱为自己或恋爱关系带来的美好之处，就可以改变我们的动机（以及满足感和欲望）。

在本章最后，你将找到更详细的指南，以帮助思考自己性爱的动机，可以鼓励你的伴侣也这样做。之后，你会清楚自己恋爱关系中的性爱模式，以及性爱对你们双方各有什么作用，它主要为了增强彼此之间的联系，还是唤起吸引力与魅力？你们结为性伴侣是为了获得更高境界的感官体验吗？你们是否将性爱作为一种策略，为了让彼此满意，从而避免不忠行为？还是为了逃离世俗，感觉自己真正活着？你做爱的动机主要是基于接近的目的，还是回避的目的？当你完成这些思考后，我建议利用这些信息，减少或停止性行为（并向伴侣说明这件事的重要性，包括了解性动机，以及如何通过其他方式来满足彼此的需求），花费更多时间和精力去思考如何接近你的目标。

无论性爱对你、你的伴侣和你的恋爱关系所起的作用是什么，了解上述信息可以使你们两个人知道：如果你投入更多精力去思考，将会有什么不同；如果不投入精力去思考，你将会失去什么；

以及随着时间的流逝你的动机可能会如何影响你的欲望。

恋爱双方的性欲差异

在第3章中，我们提到了Natsal研究的最新数据，其中指出大约四分之一的英国成年人觉得在性欲强弱方面，自己与伴侣之间有差异。因此，如何通过交流来协调差异，不仅是寻求性心理治疗的情侣们亟待解决的问题，也是我们大多数人在性爱协商方面所面临的挑战。如果不知道怎么处理彼此之间的欲望差异，或者当它开始成为一种负担，使我们自尊受伤或感到沮丧时，问题就来了。当我们发现性欲差异时的感受如何，这取决于我们对性爱的理解，以及它的重要程度。因此，让我们试着深入了解这一点。

如果有一对情侣来找我，说其中一方性欲低下，这让他们很苦恼，那我要做的第一件事是告诉他们，我不喜欢把性欲低下说成是一个人的问题，而是把它当作恋爱双方欲望差异的问题，从而妨碍了一方（或双方）满足自身的需要。或者，我也可能把它解释为，他们的现实性爱体验与不切实际的社会标准——在长期恋爱关系中女性总会自发地产生性欲的神话——之间存在差异。又或者，可能因为随着时间推移，他们恋爱关系中的舒适感或既定模式已经不知不觉地变成了欲望蓬勃的障碍。不把欲望差异看成一个人的问题，用恰当的语言表现它依赖于其他事物并且易于改变，这种微妙的改变就是希望萌生的起点。

关系动态和性爱

我们与关系密切者（如早期监护人）的关系会对我们生活中的"依恋风格"产生影响。依恋理论的提出者是儿童心理分析学家约翰·鲍比，他认为人类天生就有与他人建立亲密关系的倾向。在人生的最初几年里，我们从周围世界中学到了如何信任他人、如何获得安全感以及感受爱意的能力。这种学习来自我们与依恋对象的互动，后者也就是我们婴幼儿时期的主要监护人。在通常情况下，当我们感觉自己得到回应、需求得以满足、监护人随时待命且积极回应的时候，我们就会形成一种"安全"的依恋风格。这促使我们对自身和他人怀有一种积极乐观的感觉，这种感觉会伴随一生，影响我们对未来所有关系的期望（进而影响我们的行为）。

如果我们觉得监护人总是拒绝照顾我们、无法给予回应或者令我们害怕，就会形成一种"焦虑"或"回避"的依恋风格。这意味着在早期学习中，我们认为他人是不可信的，不能满足我们的需求，或者不会在我们需要时做出回应。同样，这也会影响生活中的人际关系，让我们对他人的拒绝过度敏感，对他人的亲近感到害怕或不舒服，或过度依赖他人。

成年后，在我们心烦意乱、需要关心或支持时，我们的依恋对象通常是我们的伴侣。值得高兴的是，即使我们的早期状态不理想，形成了焦虑的依恋风格（例如，经常害怕我们的伴侣会离开，并为此表现出高度警惕性，或时刻寻求伴侣的安慰），我们的依恋风格也会随着伴侣能提供安全感的体验而改变。这意味着，如果一个人的依恋风格是焦虑型的，而他的伴侣总能令其安心与信赖，那么一种更安全的依恋风格就会出现，被伴侣抛弃的担忧会开始减少。

我们与伴侣的依恋风格之间的互动，与我们的性欲，以及前文提到的接近/回避动机有关。如果你很难相信别人会留下，或者不认为别人会为了你而留下，那么出于回避动机，你很难拒绝与伴侣性交（防止伴侣因你不做爱而离开）。拒绝出于回避动机的性爱很困难，在这种情况下，有用的办法是考虑一下在这段关系中你应该怎么做，来让自己感到更安全，这样才能自信地以这种方式维护自身需求，因为现在你已经知道了出于回避原因而做爱对性欲的负面影响很大。

心理治疗对于某些人来说可能很有用，这帮助他们了解自己当前的人际交往模式是否会对其性生活产生影响。但并非每个人都需要治疗，对于另一些人来说，通过思考性爱的意义，以及其动机是接近还是回避来了解他们的性生活，再加上一个能让他们安心的伴侣，就可以为性生活带来更多安全感了。

一、糟糕的性爱等于糟糕的关系吗？

不一定。人们通常认为，如果在性爱方面进展不顺，那一定是关系出了什么问题，但通常情况并非如此。的确，我们对性爱和对恋爱关系的满意度之间存在直接联系，这也许是常识，但并非所有情侣都这样。对于某些情侣来说，他们的恋爱关系很好，但仍然很难获得良好的性爱体验。导致这种情况的原因有很多，包括：不再将对方看作性伴侣，开始变得更像朋友而非情侣；等待着性爱自然发生，而不再特意为其营造舒适的环境；或者彼此太亲密以至于很难将对方定位为性伴侣。让我们一起讨论下这个问题，因为即使在最牢固的关系中，我们也可能陷入这些关系动态或意识习惯，从而阻碍性欲的产生。

二、亲密关系——太远还是太近？

当涉及成功的性关系时，亲密关系（对每个人的意义可能不同）也是一个有趣的概念。当人们使用"亲密关系"一词时，它通常表示情感上的亲密、联系、信任、安全感或熟悉感。这可能体现在以下方面：他们分别的时间长短、他们分享多少个人的想法和感受、他们能跨越哪些个人界限而无不适感（比如是否接受当着对方的面上厕所）。亲密程度没有对错之分，因为在选择对自己有利和有效的方式方面，每个人都有个人偏好。尽管很多人建议花更多时间在一起，或者增强亲密关系对性生活有好处，这可能并不总是最好的建议，至少不适用于所有情侣。当然，在某些关系中，亲密关系加深可以导向更好的性关系，也许因为它为真正的接触带来了机会，使双方有足够的安全感或信任感解开束缚。但在另一些情况中亲密关系则起了反作用，它从独立性、空间、时间的角度减少了情侣对彼此的渴望，他们没有远距离观察对方的机会，也没有足够的差异性去创造一种新鲜感，这可能会为性欲的产生带来挑战，而与伴侣保持距离可以缓解这种情况。当一对情侣初次见我时，我经常观察他们之间的身体距离，以及这如何帮助或阻碍了他们的关系。只有你自己知道在深层面而不是表面上，较远还是较近的亲密关系对你更有利。也有证据表明，在亲密关系中创造变化对增进性欲的作用比距离更为重要。如果你有兴趣了解关系远近可能对恋爱关系造成的影响，也许尝试几周的改变会为你提供所需的信息。

三、安全悖论

"我们的伴侣并不属于我们。他们只是'借来'的，并且可以选择续约或不续约。"

这句话来自埃丝特·佩瑞尔，通俗而具有表现力地描述了关系动态、亲密关系和性欲，极大地冲击了我们对恋爱关系和伴侣的原有观念。它与上一章中所概述的对一夫一妻制的社会期望并不一致，因此具有启发性，这说明我们的伴侣可以随时离开，而在对待伴侣和恋爱关系时要考虑到这一点。当你读到这里感觉如何？担心？震惊？无论一段恋爱关系维持了多久，维护关系总能带来明显的好处，仿佛它是一种精致而珍贵的事物，需要悉心培育才能生存。我不是建议你放弃计划下周的电影之夜，或最近三个月内的假期，以免我们的伴侣明天起床就离开。但如果由于一夫一妻制或婚姻制度的引导，使我们觉得维持长期关系是理所当然的，那可能就忽视了维护关系的重要性。

在心理治疗中，有时我会谈起所谓"慢待彼此"的概念。这是一种很容易养成的交往习惯，基本表现为：面对客户、朋友、同事、邻居甚至是咖啡师展现出自己最兴奋、活跃、专注、有趣、细心和关切的形象，但是当我们回家面对伴侣时，却只躺在沙发上回复一个词，几乎没有眼神接触，将自己不好的、相对冷漠的一面展现给对方。如果从积极角度看，这也可以解释为你的伴侣值得信赖，不需要你总是展示最好的自己，可以完全放松、回归"真我"。这本是一件美好的事情，但是有一个风险，你和你的伴侣可能会逐渐忘记彼此的另一面，即彼此开怀大笑，真正地互相倾听，互相交流希望、梦想、知识和世界观的一面。这就是大部分情侣性欲降低的原因。

四、重要的不是相处的时间，而是如何度过这些时间

美国的艾米·缪斯博士和同事们发表了一篇论文，使我们更深地了解如何与伴侣共度时光，以及这对性行为产生的影响。我们已经知道，与伴侣进行一些让人兴奋并产生灵感的活动，有助于重温早期恋爱关系中的爱慕感。缪斯和她的同事们想看看这些行为对性欲的影响。他们最近发表的研究表明，在卧室之外的情侣生活中注入新鲜感，并对自身和恋爱关系进行"自我提升"，可能会影响卧室中发生的事情，而对于那些花更多时间单独或一起从事新颖有趣、富有挑战性活动的情侣，他们会发现性生活有所改善。自我提升包括学习一种新语言、参观一个新地方、进行身体挑战以及有全新的体验等。

他们发现，花时间在这些"自我提升"活动上（而不是像通常所做的那样，只是待在一起）的情侣更容易体验到性欲，也更可能发生性行为。重要的是，情侣在一起度过的时间长短并不是影响性欲和性行为频率的原因，原因在于他们是如何度过这些时间的。像这样能彼此"激发、启发和联系"的情侣，可以创造空间来学习关

于自己或对方的新事物，也可以为新颖性、距离感和新鲜感的产生提供条件，像早期恋爱时那样煽动欲望的火焰。这项研究的一个关键发现是，伴侣在一起的时间越长，或者他们的时间越紧迫（想想新生儿父母），诸如此类的自我提升活动就会对性生活影响越大。我们对性欲和性满足的体验是复杂的，受很多因素影响，但是像这样的研究有着重要的现实意义，使恋爱关系中看似与性无关的部分所产生的影响不再那么神秘。

对于长期性关系而言，这意味着如果想保持性爱热度，也许是时候优先考虑花时间好好交流了，通过对性的探索和有意义的对话来发现彼此身上新的特质——不只是讨论午饭吃什么，或者复印机上放着的是什么。对于我们中的一些人而言，这可能很简单，像通过他人的眼睛看着自己的伴侣，或者像置身一个新环境中，比如注视着对方在聚会上取悦新邻居。对于其他人来说，这可能是计划一次冒险，尝试一些新颖而令人振奋的事情，就像学习如何跳舞。挑战的基本要求是：创造时间一起体验新颖而令人兴奋的事情，这可能需要思考和计划，但会对我们的性生活大有益处。

花点时间考虑一下这些有关关系动态和性生活的想法：你是否会觉得与伴侣在一起那么久，以至于在对方说话前就知道是什么内容？当你们分开一段时间后，你是否觉得性欲变得更强？你是否觉得在一起度过的时间越长，你们的情感联系和性生活就会越多？有时你是否希望过上更独立的生活，发展更多个人的兴趣爱好？你还记得上一次你们开怀大笑，感到兴奋或激动是什么时候吗？

你在阅读这本书时可能会有自然的反应，并且本能地知道自己属于哪个阵营。你的恋爱关系会或多或少受益于情感方面的亲密行为吗？会受益于共处时间更少，但大多数时候都不慢待彼此吗？也许你根本感觉不到情感上的联系，你需要做的是投入更多的时间。无论是哪种情况，都不要以为在同一房间、屋子或公寓中度过时间，就等同于我们所说的相处时间。真正的沟通才是关键，聆听和珍视彼此的想法和意见，不被电视或手机吸引注意力，可以在吃晚餐或每次见面时这样做，但如果你能找到其他时间进行自我提升，例如一起体验新事物、一起冒险或做有趣的任务，这可能是最佳方式了。

五、优先级、实际性和时间

我们在上一章谈到了关于"性行为应该自发、轻松、毫不费力地发生"的性剧本，我认为在现代恋爱关系中，这是实现良好性爱面临的基本挑战之一。我们所处的社会告诉我们，想保持身体健康就必须注意饮食，想健美苗条就必须抽出时间进行日常锻炼，想快乐就必须学会照顾自己并心怀感恩。但很少有人优先考虑性生活的重要性，或注意到用类似方法改善性生活的好处。优先级、可行性和时间，三者一同成为影响性欲的最大问题，正如亚历山德拉和格雷戈里的案例中所表现的那样。

亚历山德拉和格雷戈里曾与我谈起三年关系中的性爱缺失。他们解释说，自己希望拥有更多的性生活，但自从在一起大约八个月之后，两人的性交频率已经减少到了一两个月一次。双方都对此不满，感觉失去了彼此之间的独特联系，也担心无性关系会使他们的关系脆弱易裂（希望你可以从中发现其性动机、性爱在他们关系中发挥的作用，以及社会观念带来的重要影响）。一旦我确定了性爱为什么对他们很重要，并且这一问题显然可以尝试改变（而不是只能接受每两个月一次性爱），便开始着手了解他们之间的性爱是怎样的。他们认为导致现在这种情况的关键因素之一是没有时间做爱。我又问了更多关于生活中其他方面的精力投入、如何计划时间之类的问题，他们回答会通过特殊饮食保持身体健康，这需要每天耗费数小时计划菜单、购物和准备饭菜。很明显，他们不是没有时间过性生活，而是没有将性生活作为优先考虑的要素。如果他们每天花几个小时来优先考虑他们的情感和身体联系，又会带来什么改变呢，于是我问道："对于你们，性生活和饮食同样重要吗？"

亚历山德拉和格雷戈里承认，他们从未想过要优先考虑性爱，因为他们觉得这应该自然发生。但当他们真正开始回顾自己的生活，会发现一天或一周中没有任何碎片时间，或者明显空闲的时间段能为他们提供进行性生活的机会。了解这一点意味着他们接下来有两个选择：一个是意识到如果不将性爱看作优先事项，那它就不会发生，并且改变性爱的含义，不再把性爱减少视为关系出现问题的表现（"我们的性关系并没有崩塌，这仅仅因为性爱通常不会在你忙着做其他事情的时候自然发生，而我们当前有其他更重要的优先事项，这没问题。"）；另一个选择是决定他们希望将性爱置于何种优先级，并落实到行动，这可能意味着降低其他事项的优先级，做出一定的牺牲，将时间转移到性爱上。

即使轻松自发的性行为确实可能发生（虽然多数情况下并非如

此），如果你们不在同一个房间单独共处，又怎么可能发生性爱呢？考虑一下你与伴侣一周的时间，去掉所有与孩子、家人或其他亲近的人相处的时间，所有工作、锻炼或与朋友见面的时间，所有打扮、做饭、打扫卫生或进行必要生活管理的时间，还有所有睡眠的时间，最后还剩多少时间？等到你把这些时间捋完一遍，可能就只想看看电视剧、刷刷社交媒体的动态了，这些都很正常。但如果真是这样，那么想让性爱在这个狭窄的窗口期里自然而轻松地发生，意味着多大的挑战呢？然后将你的伴侣也考虑在内，你们需要在同一时刻对性爱产生同等程度的自发渴望，这么一来，你就可以知道这项挑战有多艰难了。

那么，如果你们只能共度一个晚上，该怎么办？如果你最能接受性爱的时间是清晨，但那时你们都很忙碌，该怎么办？或者也可能是中午，但你们都有工作，该怎么办？如果你和你的伴侣喜欢的性爱时间完全不同，并且每天都有大量的"待办事项"清单，该怎么办？这无疑会影响你的性欲，而且这种情况确实很普遍。如果是这样（正如亚历山德拉和格雷戈里），你有两种选择：一种是寻找更多连续的时间段，构建情感和身体双层面的联系；另一种是将性爱模式定义为生活的阶段或节奏，而不要看作彼此之间的问题。这些方法可能足以使你们接受现实，也可能需要更多牺牲，这由你们来决定。

为了使性生活不断改善或长期保持良好状态，我们必须设法将其列入优先事项清单，否则它就有可能式微。尽管我们可能不乐意听这些，但我们选择以何种方式度过空闲时间（可能仅少量时间）不可避免地会导致一项活动进行，另一项被搁置（如在视频网站和性爱之间取舍），而所从事项目的性质也会影响我们的情绪，进而影响性生活。例如，我们在社交媒体看到一系列图片和帖子，于是自我批评并感到沮丧，就不会再看着伴侣的眼睛，花时间谈论一天的生活，增进彼此之间的亲密感。这类例子清楚地表明，我们的选择并不总是与我们的生活或人际关系目标最适配。

六、科技与我们的性生活

尽管我们正处于信息时代，但在优先安排时间方面，对智能手机的青睐并不总是有益于性爱。在英国和美国进行的大规模研究表明，当代情侣的性生活比以往任何时候都少，我们只能猜测过去十年中造成变化的关键因素在于人们用智能手机管理日常生活。英国人平均每12分钟查看一次手机，每天花大约3个小时关注社交媒体、浏览网页或查看电子邮件等。相比于伴侣，我们更关注手机。

有时手机可以将与人相处的我们带到另一个世界，还会为生活增加更多任务，因为我们觉得有必要每天在家回复这些工作电子邮件，或者抓紧时间浏览社交媒体。这些事情每天要花去你多少时间？习惯用社交媒体、电视和短视频不断地刺激自己，这不仅占用了大量与他人建立联系的时间，还让我们更加难以忍受失去这种刺激的时间（如果你的同伴去了卫生间，你可以坐在餐厅多久不碰手机？）。请考虑一下导致你和伴侣之间关系疏远的原因，是你花在手机上的时间，还是它分散注意力的强大力量。

当然，不是科技本身会对性生活产生负面影响，而是我们与之相联系的方式。如果你每天花一小时在社交媒体上调情、发图和分享即将到来的事情，这可能对你有所帮助。但如果你每天花三小时浏览社交媒体，就可能会浪费一些原本可以与伴侣沟通情感的时间。不过这也有可能是你与性构建联系的方式，即通过一些积极的性讨论、情色内容或展现身体多样性的图片与其他用户互动。科技本身不是问题，但不花时间思考它会如何帮助或阻碍你的性生活才是问题。

七、生育孩子

建立一个家庭会从各个方面影响我们或伴侣的性欲。从生物学的角度来看，哺乳会减弱性欲，这是由于催乳激素的升高所造成的，它属于性欲抑制激素，分娩恢复或分娩导致的创伤也对性欲有影响。但是孩子出生后，影响性欲最持久的生物学因素之一是睡眠不足。不管你是否有孩子，疲劳都是公认的欲望杀手（如果有孩子，这一论断的适用率会增加10倍）。实际上，疲倦对我们所有人的性生活都有重要影响。一项针对女性性欲、性高潮和性兴奋的研究表明，充足的睡眠可以使第二天发生性关系的可能性增加14％！

有证据表明，生育孩子会对性生活产生很大的负面影响。针对新父母性生活的研究结果十分令人沮丧，主要因为在孩子出生后的前五年中，他们的性生活往往遭受重创，出现性爱不满或性问题的概率高于一般人群。重要的是，影响我们性生活和性欲的不是孩子本身，而是孩子出生带来的变化。伴侣间身体接触的大幅度减少，或者没有时间像以前那样进行有助于提高自信和性欲、增强彼此联系的活动，这就是问题所在。此外，怀孕后身体变化对我们自信心的影响、照顾新生命所承担的责任，或面临压力对关系动态的冲击，这些也都是影响因素，正如桑德拉和迈克的案例那样。

在怀孕、生产和随之而来的产假的推动下，桑德拉和迈克在性别角色方面的家庭结构变得比预期更"传统"，经年累月，他们的角色逐渐根深蒂固。桑德拉曾被迈克的独立自主和在两人关系中展现出的平等主义态度吸引，但自从产假开始，她为自己承担全部家庭责任而不满。她不仅因此减少了对迈克的性欲望，还发现自己处于做饭、打扫卫生和为迈克准备饮食的角色位置，这毫无性感魅力可言。起初，迈克不明白这为何会影响桑德拉的性欲望，因为他相信无论生活中发生什么，性欲作为一种驱动力都会自然出现。

在某种程度上，这就是我们要理解性欲如何发挥作用，以及关于欲望的社会成见为何会阻碍我们寻求解决方法的原因。桑德拉和迈克在处理其关系中的实际事务方面并不是个例，分工确实会影响我们的性生活。研究发现，情侣之间的家务分配越公平，其关系通常更亲密，性满意度也会更高。令人遗憾的是，即使是现在，受不平等的性别政治影响，与男性恋爱的女性依然承受着大部分情感和家庭实际事务方面的负担。这可能看起来与性爱无关，但绝非如此，它会影响我们的性生活时间、性生活优先等级，也会影响我们对性伴侣、恋爱关系以及自身的看法和感受，桑德拉正是受其影响。正如我们将在接下来的几章中学到的那样，致力于维护这方面的平等，可能是男性伴侣为女性提供基础以培养和维持欲望的一种方式。

但好消息是，生育孩子并不会对每对情侣都产生负面影响，影响也不会永远持续下去。在我看来，最重要的是知道这种性生活变化非常普遍。这很关键，因为这样一来你就不会担心你、你的伴侣或你的性欲出现了问题。希望到目前为止，你从本书中学到的性知识能解释孩子出生对性生活的影响，包括性欲不是驱动力本身，而是对周围环境做出的反应，因此需要被激发。也希望你从现在开始尽可能将性生活保持在最佳状态，并努力将其置于优先考虑的事项之列，这是值得做的——你阅读本书的时候，其实就已经这样做了。这样你就不会觉得性爱已远离自己的生活计划，并且在近几年里都难以重返。这无须投入大量时间和精力，如果你现在正抓紧一切时间忙得团团转，这肯定是个好消息。在一天或一周中，你只需要几秒钟与伴侣构建"性联系"，而不是只将对方看作室友或抚养孩子的搭档。我将其称为"性爱货币"。

八、"性爱货币"

"性爱货币"是一个性科学术语，通常指将性爱作为一种交易工具，或一个人性能力的相对价值。我也会在另一种情况下使用该术语，用来指在实际性行为之外，我们和伴侣彼此互动或引发性冲动的次数。什么构成了性体验和什么可以被视为是性爱货币行为，两者之间的区别界限并不分明，所以请耐心听我说。毕竟，正如我们在第一部分中所讨论的那样，性生活所面临的问题之一就是"适当"性爱的定义——天知道，我不想在这个已然如此狭窄的概念上再加什么了。要是你允许我再解释一下，那么，如果性爱是涉及你或你的伴侣身体部分的任何性行为，旨在让双方都感到愉悦，那么性爱货币可以定义为对伴侣有性暗示的一切方式，但不一定包括性行为。它可以是你在厨房与伴侣擦肩而过时短暂的暗示性触碰，可以是上班前的几秒钟激情热吻，也可以是仅仅光着身子躺在床上而没有做爱。性爱货币的判断标准就是你是否愿意和除了特定对象之外的其他人做这件事？如果不愿意，但又不涉及某种性行为类型，那它就是性爱货币。

让我用食物来类比说明要点（也许你没有注意到，我喜欢用食物类比性爱）。如果性爱等同于拿着食物，然后咬一口，咀嚼或吞下它，感受食物在口中的感觉以及食物在肚子里的饱腹感，那么性爱货币就是在考虑食物、与他人谈论食物、计划餐饮、观察食物、记住自己吃过的食物、分享自己喜欢的食物故事、在烹饪之前触摸食物并享受烹饪的过程。从这种类比方式中，我们可以看到食物在生活中的重要性，即使我们不吃饭，食物也是如此重要。我们还可以看到，即使我们不饮不食，还是有专门的时间去做一些与食物有关的事情，这无疑增加了我们真正吃东西时的价值体验。对食物的思考、期待或交流，丰富了我们的用餐体验，既增加了吃东西的兴奋感，也确保了我们知道自己想从食物中得到什么。但是，当你考虑性爱货币的相关方面时（至少需要两个人才能进行），你会发现，拥有高质量的性爱货币不仅与个人相关，还是一对情侣用来定义彼此和性爱关系的方式。无论是每天做爱一次还是每年做爱一次，我们的关系都会变得更亲密。

在恋爱初期，我们通常拥有极高质量的性爱货币。我们花费大量时间接吻，进行激烈的眼神交流，彼此牵手、称赞对方、抚摸身体、肯定欲望、互相调情，通过外表、评论、短信和电子邮件来进行表达和暗示。如果你观察一对刚开始有性爱关系的情侣，你会发现他们之间的性爱货币质量很高，即使没有性行为，他们的互动也充满性冲动，其关系也通过性爱来定义。他们越是以这种方式对待对方，就越能感觉到性爱的魅力，因为这是他们之间关系的本质，其中最重要的就是相处方式。这是一个良性循环，会激发更多的欲望和性爱。

随着关系建立，我们通常会以其他更可持续的方式共处，也会养成新的习惯。如果一对情侣在一起8年，在和朋友吃早午餐时，双方互相亲吻、凝视对方的眼睛，或者窃窃私语，而其他所有人被撇在一边，那是很不礼貌的。另外，在欲望和迷恋经历第一次冲刷之后，这些早期情感的强烈程度逐渐降低，为痴狂情感的消退铺平了道路。如果我们一直维持最初状态，可能会忘记生活中的其他一切，无论如何也不会和朋友一起吃早午餐了。

我想让你记住的是，如果我们要考虑性生活的长期可持续性，那么我们养成的与他人相处的习惯至关重要。继续用性感的目光看待伴侣，而不仅仅将其看作室友、朋友或抚养孩子的伙伴，这是维持性爱关系的一种方式，即使在没有性行为的情况下也是如此。继续一起分享这样的时刻，我们会记得对方是性伴侣，并且对方也在以这种方式看待我们。我们可以在某些时刻，用性爱货币彼此联系，可以特地为此挑选一天，也可以在一周里尝试多次，这能为我们提供自然且频繁的机会促进性爱发生。如果你愿意的话，也可以通过这种方式从基础阶段（如一起洗碗、谈论我们的生活）自然地、不尴尬地进入更高阶段（更接近性爱状态），毕竟这就是我们的关系，也是我们不只是朋友的原因。将性爱货币视为性生活的一部分，为性爱表现界定一个范围，而不是一个随时开合的开关。

对于某些情侣来说，性爱货币一直存在，尽管从交往的头几个月开始，性爱货币的质量就已经下降了，但他们仍然能感到彼此之间存在性冲动，沉迷于此且有意维护。对于这些情侣而言，不管做爱频率高低，他们都能感觉到彼此之间的性联系，并觉得从归置每周从超市买的东西到靠着冰箱热吻，这一过渡很容易做到。他们还可能发现，一段时间没有性生活对性爱满意度的影响不大，因为他们仍然通过性爱货币获得了大部分或所有的性动机（例如感到有欲望、彼此亲密且兴奋）。

对于另一些人来说，自从头几个月开始，性爱货币就会越来越少了，这种缺失让他们很难将伴侣看成性爱对象（或将双方关系看作性关系）。赞美、热烈的亲吻和挑逗的目光往往不会出现，即使他们想做这些事情，也会感到尴尬。虽然这些行为只是为了传达吸引力，他们也会觉得像在笨拙地开始性行为。这里存在一个恶性循环，因为彼此之间这种联系越少，你们的关系就越不被定义为性爱关系，性欲就越弱，从而使得两人很难发生性爱，即使双方都愿意。在第7章中了解性欲的模型以后，你将明白为什么这很重要。

性爱货币关系到我们的性关系模式，而模式的好处在于它根据其中人们的行为方式不断变化。如果你读到这里，意识到自己和伴侣只有在做爱时才热情地亲吻，而在其他任何时候都不会如此，或者对方像同居室友或分居情侣，那么接下来重要的事，就是开始做一些不同的事情来轻松改变这种模式。我想提的另一点是，尽管这里谈论了两种类型的情侣，一种情侣有高质量的性爱货币，另一种情侣几乎没有，但两者之间的进退空间和可能性是很大的，即使是对只进行了一个月心理疗程的情侣也是如此。

为了进一步思考，请问自己以下问题：

★ 我是否将伴侣视为性伴侣，是否感到对方也将我视为性伴侣？

★ 我们的性爱互动是否有些呆滞，并且带来更多压力？还是我们只享受短暂调情或激情时刻？

★ 当我们偶尔分享性爱想法、幻想或回忆时，是否感到不适？

★ 没有性爱行为时，我们是否会有性欲？

★ 我们是否曾热烈亲吻，却不是为了性爱？

★ 如果我愿意，是否可以向伴侣传达明确的性暗示信息？

★ 我们能否在电视上观看一个性爱场面，并谈论性感在哪里？

★ 如果你拥有了更多的性爱货币，但性爱频率不变，你对彼此关系的感觉会如何？你觉得你的伴侣会有什么感觉？

★ 如果你们的性爱货币水平较高，你觉得这会对性行为产生什么影响？

★ 有没有一些小事情，如果你少做或多做一些，就会带来改变？（这并非要求对彼此关系进行全面检查，那太激烈，也可能不可信）你有没有真正想做，但是出于某种原因很少做的事情？

★ 如果你更多地做这些事情，会让你对自己或性爱关系产生什么感觉？

还记得我们在本章前面讨论的性动机吗？回顾一下你的性动机，其中有多少需求可以通过增加性爱货币来满足，而不是必须增加性行为？

根据我与想要改善性生活的情侣一起工作的经验，专注于提高性爱货币常常会极大地改变人们对性生活的看法，甚至超过性行为本身。

在第7章中，你将了解性爱货币如何助长性欲以及其原因。但是目前，如果上述问题引发了你的一些思考，也许是时候投资更多的性爱货币了。在第三部分中，我们将重新审视性爱货币的好处，以便在未来保障性生活水平，应对一些意外的挑战。

在本章中，我们着眼于一个很明显的事实，即伴侣性行为通常是双方共同参与的，因此如果我们想培养性欲并提高性爱满意度，就要注意自己与伴侣之间的关系是否会帮助、阻碍或扼杀性爱。

在网络媒体或杂志专栏中，情侣关系的状态总是与冲突、满足、沟通和尊重等关键的关系动态一道被提及。它们确实都非常重要，必须加以检查，但这极易与一种假想产生混淆，即如果双方关系总体上是"好"的，那性爱和性欲就应该是好的，其实不一定如此。我希望你从本章中学到的是，情侣关系状况及其对性爱的影响不只是你们之间有没有问题那么简单。如果想在情侣关系中培养真正的性欲，就必须考虑我们所处关系的文化背景如何帮助或约束了性表达，我们的亲疏远近如何促进或阻碍了性欲的产生。而我们的性动机，以及我们各自或一起赋予性爱交错复杂的定义，又是如何造成性问题或提高性满足感的。

本章要点

● 谈论性爱是很困难的，但是谈论的情侣比不谈论的情侣拥有更高的性满足感。

● 谈论性爱有助于我们度过不可避免的性偏好变化时期，也有助于克服性问题，并保持性生活长期和谐。

● 伴侣之间存在性欲差异是正常的，这本身不是问题。

● 性欲发生在人与人之间，而不是个体的体内。

● 了解我们（和我们的伴侣）的性动机，对于了解性行为在情侣关系中的功能以及保持性满足至关重要。

● 为了避免冲突而发生性行为（例如为了防止争吵或矛盾），会导致性欲逐渐降低。

● 关系动态可以促进或阻碍欲望（例如亲密与否），但这一点取决于不同的情侣。

● 如果情侣减少共处时间，投入各自的生活和兴趣爱好，性生活可能会改善。

● 增加共处时间，增强亲密的情感联系，特别是进行一些自我提升活动，这会让一部分情侣受益。

● 性爱货币可以作为缓冲器，取代"做爱"成为性关系中最重要的部分。

● 情侣关系中性爱货币的增加可以满足一部分性动机，并让双方感觉像真正的性伴侣，从而如愿以偿，自然而然地拥有更多性爱时光，但性生活丰富之后，增加性爱货币往往又落在了议程之外。

● 想有美好的性生活，许多情侣必须优先考虑性爱这件事，并花时间处理彼此之间的关系，但我们常常认为"性爱应该轻松自发地进行"，从而不会将其视为生活中需要注意的部分。

反思——了解你的性动机

（1）花些时间思考过去一年或五年，乃至更久以前的恋爱中发生了什么。如果你还记得的话，列出一些你做爱的原因；如果不记得，也可以列出一些可能的影响因素，以此了解你自己，并知道性爱能满足你的哪些需求。如果愿意的话，请重新看看安盛的故事，或者回想你过去几次的性爱经历。

（2）记下这些动机主要是出于"接近"（获得正面奖励）还是"回避"（防止负面事物）的目的。

（3）与你的伴侣讨论此问题，让他也列个清单。向他展示本章内容，以便了解可能的情况，并设想如果没有性爱，他会觉得自己缺失了什么。

（4）完成列表后，安排一些时间来讨论这些事情，分享各自的列表。倾听者的工作是：

☆ 不评价；

☆ 询问有关原因的开放式问题，例如："告诉我更多的信息"或"向我描述一下当你性高潮时，会有什么感觉，对我们两人的感觉又如何？"

（5）承诺不要利用性爱来避免吵架或不快，尝试寻找其他方式满足这些需求。

（6）尝试关注出于"接近"目的的性动机，思考性爱可能给你、你的伴侣或你们之间的关系带来的好处，也可以将其写下来。现在你已经大致了解自己的性动机，尝试谈论一下在你想做爱的时候，其实想得到什么，并鼓励你的伴侣也这样做。这样一来，你们就有机会彼此理解对方可能需要的东西。如果需要的不是性，就可以考虑通过其他方式满足。了解为什么你的伴侣想要做爱（例如，"他想靠近我"，而不是"他只是想获得性高潮"），这也会对你探索自己的欲望产生重大影响。

测试——性爱货币超载

这是一项"放纵"的试验，目的是增加性爱货币，从而了解这会如何影响性满足感、作为性伴侣的感觉、性动机和性欲。

为了使这项任务达到最佳效果，你们需要彼此做出承诺，即你为增加性爱货币所做的努力不会导向任何类型的性行为。将性爱排除在议程之外，可以免除风险，并在不抱期望的基础上对彼此宽容。

在本章中，你将了解自己的恋爱关系可以变成什么样子，它可能与你早期恋爱时做的事有关。尽自己所能去做双方都喜欢的事，也可以尝试加入其他你能想到的事情，可以是恢复激情的亲吻或增加亲吻频率，调情，发送性爱短信，称赞对方的外貌，暗示性地互相触摸，分享性爱想法、幻想或回忆，在看电视或聊天时以更性感的方式互相触摸。你能想到的任何事都可以。

通过整天做这些事情，"尽力尝试"让你们的"情侣身份"更具性吸引力。等一两个星期后坐下来讨论：

☆ 这很容易还是很困难？习惯之后会变得更容易吗？

☆ 你们对自己、对性爱关系和对彼此有什么感觉？

☆ 你们的亲密度受到了什么影响？

☆ 你们对自己作为性伴侣的看法是否受到影响？

☆ 性爱或性欲离你们更近还是更远了？

☆ 你们还注意到什么？

如果这对你们有利，请从现在开始承诺将其纳入你们的性关系中。请记住：生活中时不时会出现些障碍，这是正常现象；你有能力改变性关系模式。

第 6 章

大脑中的性爱

性爱以身体为载体，但大脑在性行为上拥有决定权。

大脑可以让我们活在当下，也可以让我们从当下的事情中完全脱离出来，因为大脑不断对一些分散注意力的想法或论断做出评价。这些想法或论断可能会对我们的快感和性欲造成负面影响，而且相当可悲的是，它们通常基于我们的学习过程、对社会信息的吸收、迄今为止的生活经验或周围世界的影响，而不是那一刻实际发生了什么。

在过去的几十年里，性科学的进步告诉我们一个革命性的事实：我们对性的生理体验（比如有什么感觉，或者感觉到多少欲望），都可以被我们的思想改变，或好或坏。本章将介绍这一事实在性生活中的发生机制，以及你如何利用这些知识为自己服务。

首先，我们要了解性欲的真正含义，否则很难理解它会如何波动，以及我们的大脑与它有何关系。其次，我们将思考为何集中注意力的能力如此重要。再次，我们将介绍你的大脑如何产生有关性的想法，它们又如何导致性欲的上升或下降。最后，我们将探究以往的经验在思考和对待性行为方面的作用，以及在以后的日子里它对性欲的重要性。这一章的目的在于让你知道，在性生活方面，大脑既可以成为你最好的朋友，也可以成为你最大的敌人。然后，我会像往常一样提出一些可行的建议。

"性驱力"

在了解大脑如何帮助或阻碍性行为之前，我们首先要更多地了解影响性欲的过程。

从历史的角度看，性科学家将人类对待性的方式概念化，类似于饥饿和口渴，也就是把性看作一种普遍需求，不断驱使人类为之追寻。"性驱力"一词通常理解为性是一种"我们感觉需要去做的事情"，社会将这种对性的理解赋予了所有人。但在过去几十年里，性欲是一种"驱动力"的观点并没有得到科学的证实。

其中一个原因在于：某些东西对我们的生存至关重要，比如吃与喝。如果一段时间不吃不喝，我们就会感觉身体缺少了这些东西，从而被迫去吃或喝。但性欲不是这样的（有一段时间没有做爱或者不想做爱的读者，应该对这一点很清楚）。对人类来说，没有性生活的时间越长，"驱动力"就越少，而这种"越少越不想要"的模式不会发生在人类任何其他的基本驱动力上。

人类性行为的组成要素中确实有本能的部分，因为当我们与被大脑识别为与性有关的事物接触时（后文称为"性刺激"），会自动产生一种兴奋反应，它几乎超出意识的控制，并会导致某种程度的生理反应。基本来说，我们的性反应有一部分和其他哺乳动物一样，很容易被性暗示所触发，只是有时我们并没有意识到。性欲被这种本能的刺激激发，但当我们的"新式"大脑——作为人类而有别于动物的那部分大脑——处理这些信息时，则可能会排挤性欲，或者致其完全关闭。

性刺激可能是裸露的身体、皮肤的触觉或性想法。实际上，触发性唤醒非常容易，但"新式"的大脑认知（思考）会运用复杂的过程（例如注意力、学习和记忆）来决定我们能感知到的性欲程度。需要注意的是，我们学习和记忆的内容，以及分散我们注意力的东西，与前几章中讨论过的那些因素相关。例如，如果性生活到目前为止一直很不愉快，那么我们的学习可能就是"不值得的"；如果在我们的性经历中，更加注重对方的快感而非自身的愉悦，那就不会有参与其中的动力；如果我们不专注于性刺激或自己的性唤醒，为生活中的其他事情，或者所有可能出错的事情而分心，性欲就不会被激发；如果我们认为性爱在很大程度上缺乏回报，或者与伴侣的情感危机扼杀了欲望，那么大脑不一定会把这种刺激（比如伴侣的亲吻）视为情色之事。

这对于你更新自己对性欲的理解至关重要，因为到目前为止，你可能还以为自己只是本能地想做爱（把性看作一种驱动力），如果情况不是如此，就意味着有问题。事实上，如果你想感受到性欲，应该满足这些条件：

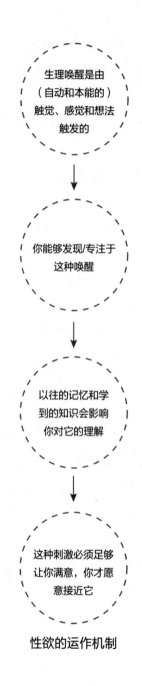

生理唤醒是由
（自动和本能的）
触觉、感觉和想法
触发的

你能够发现/专注于
这种唤醒

以往的记忆和学
到的知识会影响
你对它的理解

这种刺激必须足够
让你满意，你才愿
意接近它

性欲的运作机制

因此，你的大脑首先必须注意到这种性唤起（在你的身体或意识中发生了什么），然后根据生活中所学到的东西和经验，思考这种唤起的意义（这与性有关吗？如果是，它是积极的还是消极的，对我是否有利）。在开始性行为之前，我们的大脑会快速计算这一冲动行为的预期回报或成本（"感觉肯定很棒"或者"这会使我的睡眠时间缩短30分钟，明天肯定很累"）。完成拼图的关键在于这种刺激（或性伴侣）有多少"牵引力"，这一点我们稍后再讲。但是基本上，新伴侣通常吸引力更大，因此人们普遍渴求一段新关系，性伴侣的可预测性和新鲜感的缺乏会阻碍性欲产生。一个被视为"性爱存在"的伴侣（因为我们与他们的互动能创造更高水平的性爱货币）作为性刺激的吸引力，比起随时间流逝而开始像兄弟姐妹的伴侣更大。这些不同因素相互竞争对抗，基于此，在不同的时间和情境里，我们感受到性欲会有所不同。

　　这样一来，我们的大脑就像观察性欲的心理放大镜：一方面，它们可以强化性爱想法、感觉和性欲的力量；另一方面，也可以通过分散注意力、负面评价和抑制作用，轻松地将它们降至最低水平。作为数据处理器的大脑有这种功能，这意味着我们实际上从未体验过真正的现实（即使在性爱之外），只是根据过去的经验、社会影响力和独特的思维方式对它进行了过滤。正是这种过滤后的现实，通过各种方式影响着我们的性生活。

　　为了真正了解其发生机制，我们需要更详细地了解大脑运作的主要过程，这对我们的性体验至关重要。

唤醒机制

我们已经提到了一个事实，即与性唤起相关的身体过程（例如，身体的变化，尤其是生殖器的变化）大多是条件反射。这意味着我们所有人遇到大脑编码为"性"的事物时，即使没有太多意识，也会出现这一情况。这个过程发生的速度非常快，以至于绕过了我们大脑中能反映意识或认知意识的部分。例如，当我们接触这些性刺激，可能是性想象、伴侣的触摸、亲吻或性爱的声音时，大脑会本能地自动激发唤醒反应。你可能没有注意到体内的这种反应，但它确实发生了。

梅雷迪思·奇弗斯博士和其他人开展了许多开创性研究，使人们对生殖器兴奋与思维兴奋（称为"主观唤醒"）之间的关系有了新认识。正如之前所说，性欲通常源于兴奋的唤起，因此这项研究与性欲有着至关重要的关系。想知道性欲如何产生，就必须了解我们的唤醒机制是如何运作并发挥作用的。

奇弗斯这样的性研究者为了了解这一点，将多名被试者同时连接到唤起性兴奋的装置，以及测定生理性兴奋的设备上，后者是通过测算生殖器血流量实现的。适用于女性的是棉塞状探头，它通过读取生殖器血流量来判定唤醒程度；适用于男性的则是戴在阴茎周围的装置，其原理非常相似。他们发现，在实验室环境中，如果向男性和女性展示色情信息，他们会被唤醒并出现生理反应，从而被这些设备测量到。而那些为自己性欲担忧的女性，她们的反应和正常女性并无二致，都非常容易产生。那在这种情况下，身体和大脑又是如何不同步的呢？

2010年，奇弗斯和她的同事们在一篇论文中用"协调性"一词来描述这种现象。从根本上说，当性兴奋被唤醒时，你的大脑和生殖器能在多大程度上保持同步？他们发现，连接在这些设备上的男性，其协调性平均要比女性高出很多，这意味着当他们的身体兴奋时，常觉得大脑也"兴奋"了。而女性的身心同步性通常低得多，并且个体差异很大。奇弗斯和研究小组的其他成员提出了几种理论来解释这种现象，其中包括男性在一生中能拥有更多视觉反馈的优势（阴茎比阴蒂和阴部容易看到），社会对女性性行为的接受限制导致女性的观点很少被听到，以及保护女性身体免受伤害的进化策略。

有趣的是，奇弗斯和其他实验室的更多研究表明，与其他性向的女性相比，自认为是异性恋的女性，其生殖器对性刺激的自动反应是不同的（这种反应本质上是看到影像等色情内容时，阴道血液流动和润滑情况）。例如，被女性吸引的男性、被女性吸引的女性以及被男性吸引的男性都表现出同一模式，即其生殖器会在更大程度上自动响应偏好的性刺激（即偏好的性别）。但异性恋女性却并非如此，她们的生殖器对所有类型的刺激都有反应，即使她们并不觉得大脑受到了这种刺激。这种非特异性可能与协调性有一定关系，因为这表明（大多数）女性的身体并不总是与她们的大脑相协调。事实上，我们尚不确定为什么女性的协调性会有如此大的不同，但有确凿证据表明，在性交中大脑与身体保持一致至关重要。

鉴于我们对性欲产生原因的理解，这就说得通了，因为性欲首先依赖于我们能够接收到身体的兴奋信号。如果不能做到这一点，就不可能保持性欲。研究表明，身体变化与大脑兴奋的匹配程度

（协调程度）越高，性反应通常就越好。因此，使你的身体与大脑相协调对性生活有益，是什么导致我们无法做到这一点呢？

专注在性爱中的作用

大量研究表明，注意力分散对性唤醒有毁灭性的影响。在一项研究中，男性和女性被连接到可以测定性唤醒程度的设备上，为他们展示了一组色情内容，并在一只耳机中播放色情声音。另一个小组同样如此，但研究者在另一只耳机上进行口头指示，要求参与者大声重复听到的一句话。在第三组中，参与者被要求做同样的事情，但说完这个句子后，还要倒过来重复一遍（对大脑来说是一项更复杂的任务）。他们发现，分心之事越复杂，对性反应的负面影响就越大。听无意义的句子，然后重复或倒过来说无疑会分散注意力，但正如研究人员指出的那样，在现实中你永远不会因为重复句子而分心，而是为了关于自己的生活或性反应的想法而分散注意力。这些想法可能有更大的个人影响力，因此可能更分散注意力。无法关注正在发生的事情，是阻碍身心协调的关键原因之一，我们的大脑越激动，所感受到的性唤醒（和性欲）就越少。还记得第3章中的"良好性爱条件"三角形吗？集中注意力是唤醒性兴奋、感到愉悦和性欲的关键。

这意味着无论发生什么与性有关的行为，比如看着伴侣脱衣服，突如其来的性想法或接吻的体验，我们的生理反应都会受到专注程度的影响。接吻可能很令人动情，但如果你正想着必须在6小时内起床这件事，你的身体就不会有反应。第一次看到新伴侣的身体可能会唤起你的生理反应，但如果你突然感到害怕，想着"他会怎么看待我的身体"，你的注意力就会从性刺激转移到这些想法上。你对性的专注度和令你分神的想法都对性唤醒和性欲有影响。

如果你仔细想想，这是很有道理的。我们大脑的注意力有限，在任何时候都只能专注于某件事，一旦别的事抢走了我们的注意力，它就被分散了。这有点像你在家里看视频，家里其他人上网了，你的视频就停止播放并开始缓冲，现在只是将场景换到你的大脑中而已。一般来说，所有与性无关的干扰都是无益的：我们希望自己只关注积极的性想法和感觉。

我们的大脑是复杂的，尤其是涉及性的时候。大脑本能地引发一系列生殖器兴奋的生理过程，并且对这一过程的关注度与感受到的快乐程度有关，但是我们大脑中的某些部分会对性爱表示担忧，还会对其做出评判，这会使我们忽视身体变化，并因为焦虑和分心阻碍性唤醒和性欲。

当然，无论何时，我们每个人都有关于各种事情的思想流，这是人类的本性。在性爱过程中有短暂的担忧或片刻的自我意识也完全正常（事实上，如果没有那才奇怪）。但是这类想法频繁出现且支配着我们的性生活，就足以打破平衡、打断性反应，并随着时间的推移逐渐造成负面影响。

还有一个有趣的事情，那就是我们每分钟都有很多想法，它们并没有引起我们的注意，而是几乎悄无声息地溜走了。但我们会关注那些压抑的、兴奋的、担忧的或富有其他情绪色彩的东西，正是这些想法引起了更强烈的情绪。它们让我们分心，因此可能进一步降低我们的性反应，就像上文那些戴着耳机重复句子的人一样。

我们的大脑产生想法的方式如同错乱的计时器。前一分钟身在未来，想象着自己弄乱了工作中的大型演示文稿，一秒钟后又回到过去，那时我们正因说了些蠢话而责备自己。情侣在性爱时也是如此，他们担心着一会儿会发生什么，或者会回想起某次性交时伴侣脸上的失望表情。当我们注意到对方正用热烈、撩拨的目光注视着我们，可能会瞬间集中注意力，因为这是一种性刺激，性欲也即刻被唤醒。但我们的注意力很快就会被随之而来的另一种想法分散，然后感到焦虑："他想要做爱，但我还没用热蜡脱毛，那怎么行呢？"支配我们的甚至不只是曾经的后遗症，或者对将来的担忧，当下的人们也是强烈的社会倾向和相互比较的产物。正是这些东西让我们相信有阴毛（顺便说一句它是正常的）或者赘肉是一种罪恶，最好牺牲自己的快乐来避免它。我们曾在第4章中讨论过这种社会谎言的本质。

希望你现在已经认识到，影响性反应的除了专注程度，还有我们在性爱时的想法。事实上，研究表明，通过思想下意识地减少或增强性兴奋度，也会对我们的性反应产生影响。这意味着选择专注于诸如"他真的参与其中""这个人对我太有吸引力了"和"多么性感"之类的想法会引起性反应，而如果以同样的方式，将负面想法集中在与身体形象、性爱表现或其他与性有关的方面，则会使性反应减弱。

再谈一些我们可能有的想法吧，它们或许与他人对我们的看法或正在发生的事情有关；与我们对自己外表或行为的批判有关，即"他可以看见我的赘肉"或"他觉得我并不擅长性爱"；可能与触发性欲或快感的可能性有关，即"这很尴尬""我永远不会高潮"；可能会想到性带来的不良后果，例如疼痛、意外怀孕和性传播感染；或者是相反的情况，即担心未能怀孕，或者性行为可能只是试图受孕的过程。困扰着我们的问题可能还有：我们在做什么，我们是否认为这是不可接受或可耻的，以及性爱是否被允许。最后，我们还可能会因对周围环境的想法而分心，或者对与性无关的事情感到担忧，例如有人走进来、有人在听或者明天开会等。

在性爱过程中大脑产生的思想类型几乎没有限制，它们都可以分散我们的注意力或加剧我们的焦虑感。受社会主流意识影响，我们与性的关系往往基于羞耻、表现和身体特性，因此我们当中许多人都曾有过上述不利于性生活的想法，这不足为奇。性生活中的负面想法通常也与整个社会对于性的许多无益观念有关，而不是反映当时的现实，这不令人遗憾吗？你可能会猜想自己的肚腩影响了伴侣的性欲，因为他人向你灌输只有平坦的腹部才性感的想法，这意味着你开始失去对性的感知能力，而实际上你的伴侣根本没有在意这一点。

请回想一下与他人发生性关系时，最常出现在你脑海中的是哪种想法？例如，女性通常会担心自己在做爱时的样子，或者作为性快感的唯一接受者而不好意思。许多女性告诉我，在接受口交时，她们更关注伴侣的感受，而非自己的。这些想法的关键是（而且我敢肯定，到现在为止你已经发现了这一点），其中许多可以追溯到我们社会的主流性观念。

在关于情侣和个人的临床工作中，我注意到引发性生活问题的想法通常属于以下类别之一：

★ *你的裸体看起来如何；*

★ 他人靠近你的生殖器时的感受（尤其是外观、味道和气味）；

★ 他人的愉悦感以及对正在发生的事情的看法；

★ 你的愉悦感——是否被勾起性欲或离性高潮还有多远；

★ 担心承受痛苦、性传播感染或怀孕（或不怀孕）；

★ 关于享受性爱本身，以及你正在经历或想尝试的性爱类型的自我判断；

★ 其他人（家人、朋友、文化或宗教团体）的想法；

★ 来自环境的干扰（如果孩子听到/走进来或电视机开着怎么办）；

★ 担心其他事情（工作、孩子、睡眠不足、家务）。

一旦确定了你的想法类型（如果你有其他类别，可以随意添加），就可以将这些主要类别与第4章中讨论过的影响你的文化背景和社会信息进行比较。研究发现，女性在性生活中普遍会被关于外表、性唤醒和性欲的想法分散注意力，这说明了社会观念在我们个人思想中的作用。我们作为女性的经历与西方社会存在的"瘦等于美丽"观念紧密相关，但我们应该消除这种观念，使人们更注重身体感觉好而不是看起来好。这是否是影响你性生活的罪魁祸首之一呢？一旦有人靠近你的生殖器，你会因其外观/味道/气味感到羞耻吗？你会因为负担着大部分的家庭管理责任，感觉有太多事不得不做吗？你会因为从小被教育性爱是可耻的，所以很难放松享受它吗？

如果想从根本上处理这些想法，尝试自己解决可能是一个很好的方法，并且根据你对这些事情的真实想法，尝试建立起一个新的现实。例如，我们知道所有的性观念都受社会信息的影响，那么请想象一下，如果你从现在开始参加社会各界女性坦然拥抱性生活的活动，这会使你对自己的性需求持更积极的态度吗？如果你对自己的生殖器外观信心不足，那么请想象一下，关注一些展示各类外阴形态的社交媒体账号将带来什么不同。如果你在性爱中注意力过于分散，想着周末孩子该带着什么礼物去参加生日聚会，那么请想象一下，这不完全是你的责任，你的伴侣同样会将这些东西牢记在心。如果你有兴趣进一步追踪这些想法，就能采取措施，减少它们对性生活的影响，本章末有一项任务可以帮你进一步探索。

到现在为止，你可能已经有些了解性爱时大脑的复杂程度。是的，我们的大脑会本能地触发生理唤醒，但那些对于性爱的担心、评判或不予关注的大脑部分则抑制这种唤醒或愉悦感，进而影响我们的性功能。

关于心理健康及其对性的影响

我们知道，当人们感到失落或沮丧时，往往会戴上有色眼镜看待世界，这意味着他们对世界、自己和未来的看法是负面的，并对生活各方面都抱有消极想法，这并不奇怪。如果我们情绪低落，就会对自我价值、吸引力和性生活抱有非常消极的态度；如果我们感到焦虑，可能也会对性关系和性生活感到焦虑。伴随着焦虑或低落而产生的身体表现也会影响我们的性反应。

对于所有人来说，不时感到沮丧或焦虑都是正常的。但如果其程度严重且干扰了日常生活，那么理解它会影响你的性生活，而解决心理健康方面的问题也将改变你的性经历，这会使你受益。你可以与精神科医生交流自己的感受，也可以咨询心理咨询师，以便清楚你脑海中的想法如何创建了一个不甚积极的现实图景，并为此找到解决方法。关键是要知道，有充分的证据表明谈话疗法可以改善情绪，并提供帮助。某些用于治疗情绪障碍的药物也具有降低性欲和妨碍性高潮的副作用，［例如选择性5-羟色胺再摄取抑制剂（SSRIs）］，因此，如果你正服用其中一种药物，并且对性生活有所顾虑，可以与开处方的人交谈，征询他们的意见。不要自行停止服药，你要知道如果这些药无益于现状，你还可以服用其他替代药物。

我们希望自己的想法停留在何处？

到现在为止，你可能还在思考："这是什么意思？一个帮助激发性兴奋和性欲的大脑，和一个阻碍它们的大脑？"这其实取决于我们的大脑是专注于色情思想，还是被与性无关或消极的思想吸引、分散注意力。我们的思想流与迄今为止从生活中学到的经验有关，它们源源不断地在脑海中盘旋，但我们对这些思想的关注度才决定了它们对性的影响。

将你的大脑想象成一个饼图，最多可以将100％的注意力集中在眼下的性爱上，那么你的注意力分布状况可能是这样的：

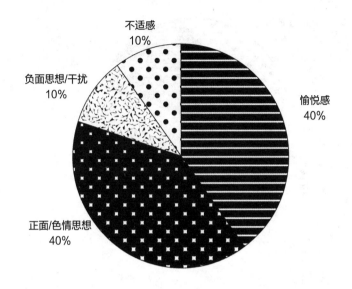

正面/色情思想:"他看起来很性感。""当他这样做时我很喜欢。""他真的兴奋了。"
愉悦感:触感舒适,外阴跳动,肌肤相贴的感觉,温暖。
负面思想/干扰:"我能听到隔壁的猫的声音,它被锁在屋里了吗?"
不适感:感觉冷,左小腿抽筋。

性爱过程中注意力分布图
(理想状况)

另一幅图则与之相反：

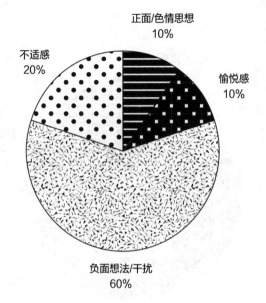

正面/色情思想
10%

不适感
20%

愉悦感
10%

负面想法/干扰
60%

正面/色情思想："他很性感。"
愉悦感：他的头发拂在我的皮肤上。
负面思想/干扰："我配不上他。""我看起来很胖。""我肚子上的肉在晃。""我讨厌他这么做。""我必须很快兴奋起来。""邻居会听到声音。"
不适感：某些部位的触碰有点疼，阴道干燥，缺乏快感。

性爱过程中注意力分布图
（不理想状况）

考虑到在性爱中集中注意力的重要性，请想象一下上面两个饼状图的差异对这两位女性性生活的影响。但需要注意的是在另一天、另一种情况下，她们可能会描述一个完全不同的饼状图，这取决于她们的"良好性爱条件"三角理论和身心健康状况，后者由荷尔蒙和其他身体功能调节。这两个饼状图也可能由同一女性隔着几天、几周或几年的时间描述而成，又或者是与不同伴侣在一起时描述的。

就第二张图而言，如果这种模式不断地重复出现，那么很有可能她已经养成了一种习惯，即很大一部分大脑空间已经被消极想法或分散的注意力占据，对性欲或感官刺激的关注则占比较少，从而导致产生性兴奋的可能性降低，从性爱中得到的快感减少，并且随着时间的推移，性欲也会受到连锁影响。这着实让人进退两难，你需要知道的是大脑大部分时间处于怎样的状态，以及改变性爱过程中注意力集中的方式是否有益。

趁你还没开始担心自己在性爱中分神，请务必知道被与性无关的想法分散注意力是完全正常的，每个人都经常出现这种状况。事实上，一项研究表明，92％的人在性爱时都会被其他想法分散注意力，其关键在于分心和专注状态各占多少时间。最近，性科学领域有一个令人兴奋的发现，即我们可以用大脑来改变饼图中每一部分的大小，从而改善性体验。在本章结束时，你会了解到更多相关信息。

我们的大脑已经拥有了不可思议的能力，比如创造艺术、音乐和积极开展社交活动，它让人感受到一个抽象的共同目标所带来的联系。但与此同时，大脑也已经进化到能够在生活事件中建立联系、创造意义、判断自身并预测未来，但这种方式有时却让我们成为自己最大的敌人，因为我们思想的本质和意义可以像电视的干扰声音一样减弱性反应能力。

了解学习的作用

我们以往的学习经验对分心走神、思考想法，以及快感体验、性兴奋和性欲等方面起着很大的作用，但这个过程是如何发生的？

如果你还记得本章开头对性欲的总结，即我们首先需要注意正在发生的事情、注意正在出现的性兴奋，接下来，大脑才会根据过去的经验、记忆和社会学习来决定如何做。这有助于我们决定是接受这个刺激还是远离它。基于过去的学习经验，我们趋向于认为这种刺激能带来回报，从而将注意力集中到这一刺激上——这就是性欲的工作机制。

在第4章中，我介绍了社会学习理论在学习和思考性爱，以及性爱与我们的关系方面发挥的作用。接下来我会将介绍重点更多地放在个人学习过程以及这些过程对性爱的影响上，这两者对性欲都很重要。

在这个问题上，心理学中早期行为和认知理论的出现非常重要，为我们提供了相关信息。行为理论产生于一个在受控环境下检验因果关系的科学时代，而认知理论则以此为基础，解释了大脑如何处理信息、建立记忆、使用语言和集中注意力，以及我们的行为取决于这些处理过程与结果之间的相互作用。

这种因果学习的研究使得一些理论发展起来，它们对于我们理解人类如何与周围的世界建立关系至关重要。

"经典条件作用"是将两种事物联系在一起的学习方式。例如，狗在多次目睹主人在散步前拿起狗绳后，一看到狗绳就会即刻兴奋，因为它将狗绳与散步时的愉悦感联系起来。

"操作条件作用"则是另一种学习方式，即某种行为带来的奖励会影响我们将来重复这种行为的概率。例如，在狗每次靠近马路就坐下来时给予奖励，那它以后在马路边坐下的可能性就更大。当做出某种动作获得积极回报时，我们会更倾向于去重复它，而当没有回报时，我们就不太可能去做了（实际情况更复杂一些，但目前我们先要了解这一点）。

随着这些理论的发展，认知心理学家通过展示记忆、学习、知觉、语言以及注意力对上述"行为—后果"关系的作用，对其进行补充和发展。在理解我们与性爱的关系时，这些基本心理学理论非常关键，因为我们不是本能地、程序化地寻求性爱，而是通过关注性唤醒来增强性动机，并将其与我们对周围环境的学习评估结合起来。问一问自己："我将性爱与骄傲还是羞耻联系在一起？性爱是否对我的身心有益？"这些问题可以为我们生活中的学习过程提供指导和帮助。

愉悦感（无论在情感、生理还是心理上）就是一个很好的例子，它会增加我们重复某种行为的可能性，比如性爱。而糟糕的性经历，例如疼痛、害怕、尴尬或羞耻感，则会提高我们消极评估性行为且更不愿做爱的可能性（除非你对痛苦、羞耻或恐惧的体验感兴趣，如果这样，那它们就是一种奖励）。因此，经过长期简单的调节过程，无论是缺乏享受和回报，还是不愉快的重复性性经历都会降低我们的欲望。而在这一点上，性高潮差异显得至关重要，因为女性在性爱中获得的高潮比男性少。此类行为（性爱）的价值会因消极联系或结果而下降，也会随着回报和积极联系而提高。

还记得上一章中的性动机吗？性爱体验是否满足这些最初动机，也涉及了性爱回报的本质（加强了我们对未来性爱的渴望）。例如，如果你的人生目标是建立亲密关系，并且发现想满足该需求就要寻求性爱，那么性高潮的回报可能是积极的（而且大有用处），但最有价值的回报可能是性爱前后得到的亲密感。

　　性爱的另一好处是改变我们的动机和欲望，其关键在于对情绪的影响。如果性生活能够减轻压力、分散注意力或提高自身价值，使我们获得更好的感受，那么这本身就是一种回报。但对于一些人来说，这有可能导致性行为失控，因为这或许是唯一或最有效的、令人在短期内感到舒适的方式。如果性生活使我们难受、不适、无聊、乏力、缺乏安全感，或者觉得性爱好像是别人的事情，那么长期下来，这将成为一种抑制因素。

　　关于大脑和欲望之间的关系，其他基础心理学理论也提供了线索。例如，当我们一遍又一遍以相同方式获得相同奖励时，就会逐渐习惯它，因而难以持久，这被称为"对立过程效应"。这很好地解释了Natsal调查的发现，即可以选择其他类型性行为而不仅仅是性交的人能表现出更好的性功能，因为可选择的性爱种类越多，我们就越能在其中游刃有余，这也是我们对固定伴侣的欲望会随时间减少的原因之一。这些知识为我们提供了性爱指导，尤其在长期一夫一妻制关系中，为什么要形式自由的性爱，而不能先进行A步骤，然后B步骤，再是C步骤，因为越频繁地按相同顺序做爱，它就越无趣和难以令人兴奋，一段时间后我们可能不那么感兴趣了。所以，性爱种类的多样性不仅与性满足有关，还与维持欲望有关。

　　相比之下，"柯立芝效应"则描述了一种心理现象，即我们的性爱兴趣如何因新事物的出现而提高，或被重新点燃。如果你把老鼠喂到饱，它们就不再吃同种食物，直到你提供其他食物才继续吃，即使它们已经吃饱了。了解新奇事物的作用，还有你们之间的关系、扮演的性爱角色、性幻想，以及性爱发生的具体细节，这些都对保持性欲至关重要。一般来说，我们对可预测的和熟悉的事物的欲望会随时间降低，而后又会随着不可预测的未知事物重新出现。

最后，这些不同理论的交融表明，如果性爱从一对情侣的日常安排中消失，那么随着时间的推移，我们就更难把自己的伴侣视为性伴侣。我们在性爱之外与伴侣相处的时间越长，就越不可能把他们视为性伴侣。我们的大脑倾向于以这种方式建立联系，这也解释了为什么拥有性爱货币的情侣可能意识到它大有好处，而不以这种方式交往的情侣则难以发觉。这并不意味着一段时间缺少性爱就是有害或危险的，或者可能让你失去性关系，你也不必拥有大量性爱，但如果有方法和对方保持性爱联系，不管是否有性行为，确实能帮助你维持性关系，并将伴侣视为性刺激的源头。

关于性创伤的影响

可悲的是，许多女性都经历过非自愿的性行为，例如童年时期的性虐待或性侵犯，这些经历会影响情绪和心理健康，也会影响学习、记忆、性评价以及对性爱的认知。值得注意的是，这种经历对不同女性的影响会以不同的方式表现出来，因此，这些性经历和欲望之间的联系并非一成不变。对于某些女性而言，这极大地影响了她们的性欲，因为学习经历告诉她们性爱是有害的、令人不安的、具有虐待性的，或者某些性行为、语言或记忆会触发她们的"战斗或逃跑"反应。对于另一些人而言，性创伤经历不会以相同方式影响性欲，关键是认识且理解这对你意味着什么，然后根据你认为有益的方式采取行动。如果不确定怎样的方案有所帮助，可以考虑通过医生联系一位帮助处理性创伤影响的治疗师，管理触发机制，从而克服失控感或性交时的恐惧感。

如何发挥大脑的积极作用？

在过去的十年中，在性爱中集中注意力的方法及其对性生活产生的惊人作用方面的研究量激增。其中许多研究提供了各种可信的方法，来解决我们那些徘徊不定、持续破坏性生活的自我批判思想。这里介绍一项研究，它致力于探索正念冥想练习在性方面的应用。

如果你还没有听说过正念疗法，那可太遗憾了！这是一种源于东方佛教禅修的方法，由一位名叫乔恩·卡巴金的修行者带到西方。当医学治疗无效时，卡巴金成功地将正念疗法应用于慢性疼痛的治疗，自此西方世界越发重视它对维持身心健康的作用。

正念并不能清空所有思想，而是主动引导注意力，避免我们被某些突然出现的思想情感引诱，不自觉地掉进"兔子洞"里。在性方面，正念可以帮助我们关注有益的性感觉或性思想，从而减少分心的想法（注意力饼状图中的消极部分）对我们身体的影响。

越来越多的研究表明，正念有助于人们更好地调节身心，从而改善性反应。过去十年中，就有几项关键研究显示练习正念的女性在性唤醒、快感和欲望方面都有提高。事实上人们也发现，更容易性高潮的女性在日常生活中也更"用心"。

我相信你现在已经明白这是怎么回事了。正念已被证明能增强人们对性的关注，并远离无用的想法或干扰。这是一种控制大脑的方式，我们应当发挥其积极作用，而非使之成为阻碍。这也完全符合我们对性欲产生机制以及其阻碍因素的理解。

除了培养专注于性刺激的技能，正念还让我们注意到自己的分心走神，并在这种情况发生时温和地将思想重新引导到我们所希望的地方，这种实用的、即时的方法能增加注意力饼状图中对性爱有利部分的百分比。如果我们想要更高质量的性爱、获得更好的身体感觉、产生想要的反应，并且完全集中注意力，那么正念就是一种非常有效的方法。由此，我们能够控制徘徊不定的思想，不管其自我批评倾向有多重。

这正是因为性欲的产生取决于我们对性唤醒的关注程度。我们的注意力可以集中在对消极结果的预测上，比如"如果我不'高潮'，他会很沮丧"，也可以完全沉浸在性爱的感觉中。我相信现在你已经明白了它对性的影响。

罗瑞·布洛图博士是一位性研究者，她对正念的研究在全球处于领先地位。在过去十年中，她和同事们进行了几项关键研究，证明正念不仅能促进性唤醒和性欲，还可以减轻性痛苦。正念是促进性爱中身心协调的好方法，它将注意力的放大镜转移到性思想和感情上，从而避免其分散。因此，它正逐渐成为性心理疗法的基础技术，而我已看到它的力量——在那些与性完全隔绝的人身上创造出兴奋和欲望。

无论当前的性生活多么顺利和美好，我都希望你能明白引导注意力发挥积极作用将带来何种好处，同时也要知道，在日常生活和性爱中多留心观察会使所有人受益。很明显，正念在保持身心健康的许多方面都有作用，而我们对此仅有初步了解，最初的研究集中在疼痛管理上，其结果令人吃惊。这是因为与性相同，对疼痛的体验受到个人看法、观点及关注程度的影响。自此，人们开始注意到正念可能产生的影响，并在身心健康的其他领域开展了研究。在接下来的几十年里，我们得到了正念疗法能够减少焦虑和抑郁、控制强迫行为的神经冲动、提高儿童学习或专注能力、减少消极自我评判等的确切证明。

在这一章中，你可能已经意识到自己是一个没有性思想或被消极想法困扰的人，就像我们之前提到的那样。思考一下，现在你了解了性欲运作机制，如果你能改变它，那会产生什么影响。关键在于，一旦得知大脑正在做什么以及如何集中注意力，你就可以驾驭大脑，让它把更多的注意力投入到性唤醒和欲望上。正念是一种可以培养的技能，有确切证据表明它有益于性生活，而且它容易获得、成本低廉，可以融入日常生活。那有什么理由不喜欢它呢？

本章最后的练习部分中，有一些关于如何在性爱之外培养专注力，以及如何将其逐渐引入性生活的技巧，做到这些将大有裨益。关于正念有太多知识可讲，因此如果这一章激发了你的兴趣，想了解更多相关知识，我建议读一读关于正念的书籍，从中你也许会得到需要的信息。

语言的使用方式及其对思想的影响

在第4章中，我们谈到了语言的重要性、语言对性思想的塑造，以及我们对"性规则"的理解。但在我们（以及伴侣）如何看待自己这一方面，语言也很重要。我们的语言选择影响了对自己、对性生活及其可能性的看法。

在这个社会，我们不断用标签和分类来指代彼此的各个方面，这可能是基于对自己和他人进行归类的愿望，同样也基于社会心理的因素。我们用固定的性格特征为自己和他人打上标签，而这些特征可以简要描述彼此的期望，但我们描述时所用的词语会被当作是对"我们是谁"的诠释，而这种诠释随后又定义了我们的身份，这有时有所帮助，有时则会阻碍我们的人生旅程。这通常意味着，在一生中，我们听到或重复的关于自己的无益诠释越多，就越身陷囹圄。

如何谈论自己与性的关系是很重要的，尤其是当医学和精神系统创造了一系列关于"性功能障碍"的语言，它们正好给予了我们一些标签，来描述性爱过程中出现的问题。例如，调查团队发现，英国有一小部分女性的高潮比她们希望的来得早。尽管这种情况确实存在，然而在《精神疾病诊断和统计手册》（DSM）中却从未对女性的早期性高潮进行过分类，因为它并不会妨碍性交。但如果女性有一种叫作"早期高潮"的功能障碍，会发生什么呢？很可能有更多人为之担心，因为它是一个"问题"。医学界通过语言将某种情况定义为一个问题，从而使其变成了现实的问题，因此，试着避免用类似术语定义自己将有所帮助。

"我的性欲低下"就是一个很好的例子，我们很有可能会为自己贴上这样一个标签，而这在性生活的故事中是非常局限的，如果我们想要解决方法，这种标签提供的线索非常有限。在我们的文化中，这一标签经常被用到，这就是为什么第1章中那些开创性的女性科学家和性研究人员反对女性低欲望的旧定义，因为她们认为，如果这个标签不在女性的社会和性关系的语境中，那么它就毫无用处。

"我的性欲低下"这就像认为性欲是一种与生俱来且固定的生物学冲动（我们已经确定性欲并非如此）一样。它将性行为置于情绪、语境或意义之外，剥夺了我们理解或改变现状的能力。

更好的表述可能是："当我感到疲倦、压力重重时，或者知道自己将面对的性爱类型并不那么令人愉悦时，我通常不会喜欢这种性爱。""最近想要一种能够给我刺激的性爱，这确实是不小的挑战。"用这种方式谈论性欲，把它从我们作为一个人（一个"性欲低下的人"）的身份中剥离出来，并放在特定的情境中，这不仅让我们感觉问题不是那么严重，而且立即提供了解决的线索。在上一章中提到过，我与情侣谈论的是双方的性欲差异，而不是个体的性欲高低。这样做不仅是因为没有衡量性欲的标准，还因为性欲本应是一种积极回应，并非一种自发冲动，更因为这种语言方式使情侣双方在克服这一挑战中处于平等的参与地位。

要关注的不仅仅是这些标签，还有其他定义身份的标签，因为它们也会对我们关于性的想法产生影响。我和许多女性一起工作，在成长过程中，她们的性表达或性体验都被这些标签阻碍了，比如那些觉得自己"太过紧张"而无法真正享受性爱的女性，觉得自己"太缺乏自信"而不敢提出自己想要的东西的女性，或者被贴上"性欲低下"的标签、害怕永远无法解决问题而避免恋爱关系的女性。对于她们中的每一个人来说，通过这些语言得出的有关自己的信念或理解都导致了这些行为的形成，就像一种自我实现的预言，因为她们觉得自己就是这样的。

我希望你能花点时间考虑一下你或其他人对你自己、你的本性和性行为所使用的标签。

★ 什么观点是你告诉自己很多次，以至于相信它们是真的？

★ 这些观点或标签在多大程度上，与文化、种族、年龄、性别、能力、体形等无益的社会成见有关联？

★ 这些观点、标签或语言会如何影响你的性生活？

★ 有没有可能这些观点完全不真实，或者或多或少取决于你当前所处的环境？

★ 如果你拒绝接受这些标签，拒绝把它们当作不可改变的事实，这会给你的生活和性爱带来别的可能性吗？

在本章中，我的目的是让你理解，大脑作为思想和其他认知过程的主导者，可能会影响你的性生活，而有时它并不那么有用。我们已经明白了在处理性刺激时注意力的重要性，而性刺激可能会激发性欲。我们还研究了历史和周围环境对思想或关系的影响，它们都与我们自己和性爱有关。我们也了解到性欲是把所有这些东西融合在一起，从而激发我们去做爱，或者只是泡杯茶。

如果说有一件事可以肯定，那就是我们的大脑在很大程度上决定着性爱的发展，尽管它位于体内，但其影响因素却来自外部。正如你所预料的那样，本章紧跟在上一章社会与关系之后是有原因的，因为我们的关系动态和对他人行为的理解，都会成为性思想的动力源泉。

在本章中，我们已经讨论了专注和学习对当前想法的影响。我们有能力通过练习集中注意力来改善性生活，而非受其干扰；我们能注意到性爱中造成最大困扰的想法类型和关键主题，尝试设法减小其影响；现在，我们也了解到性爱是一种动机而不是动力，思考不可预测的新事物、积极的反馈以及长期将伴侣视为性刺激等，能为将来性生活带来的好处。在下一章中，我们将以此为基础展开讨论。

本章要点

● 我们的大脑对性唤醒、性快感和性欲的体验至关重要。

● 我们的性反应在某些方面是无意识的，比如生理性兴奋并不意味着心理性兴奋，因为我们的身体和思想并不总是同步。

● 消极或分心的想法会削减我们对性欲的注意力，从而阻碍性反应产生。

● 我们将注意力从消极或分心的想法上转移，下意识地关注性感受或性刺激，会影响我们的身体感觉。

● 对人类来说，性爱不是某种驱动力，而是生理、精神、学习和记忆的复杂相互作用，从而构成了性爱的动机。

● 我们的大脑不断产生各种想法，而我们的注意力会被令人担忧的事物分散，并花时间在这上面。

● 我们的思想与身体协调得越好，体验到的性欲、愉悦感和快感就越多，而我们的注意力可以通过正念控制。

● 正念被认为是一种增加性兴奋度、性快感和性欲的方法，在过去的十年里，它是性心理疗法革命的关键。

● 我们用以描述与评判自己的语言，会放大并局限对自己与性爱关系的看法，从而阻止我们看到创造改变的可能性。

反思——什么想法会干扰你的性生活?

在本章里,我们提到了大脑的想法会如何影响性体验。当我们做爱时,通常会有些关键想法进入脑海,注意你的想法属于哪一类别以及它来自哪里是很有用的。

为了完成这一任务,请在下一次性爱时注意自己的想法,并记下所有令你分心或在某种程度上带有消极情绪的想法。把想法在大脑中的产生过程还原到纸上,(比如"他正在看我的妊娠纹,一定会被吓跑的"),并试着将其分类,就像我们在本章中所做的那样。

如果你觉得自己在性生活中有很多消极的想法,也确实想了解这一点,那你可以采取上述方法。不过,不要从现在开始每次性爱时都这样做,而且在此之后一定要进行正念练习。这是因为,虽然理解那些对你帮助不大的想法、质疑它们从何而来以及挑战它们是有帮助的,正如你所了解的那样——了解自己在性爱时的想法很重要,但养成在性生活中时常注意无益想法的习惯并不好。

一旦确认好类别后,你可能发现有一两类想法产生的影响特别大(比如"身体形象"或"专注于伴侣的乐趣,而不是自己的")。花一些时间写一个计划,把你从第4章中学到的东西考虑进去,例如,你可能希望减少阅读粉饰完美的时尚杂志,更多关注展示身体多样性的社交媒体账号,或者通过其他方法增强对身体的自信心(比如参加一个描绘身体多样性的素描班,或者读一些持积极态度看待身体的书籍)。你也可以减少接触无益的社会信息,并增加有益信息的摄入。

尝试——正念与性爱

正念是一种不加判断地专注于当下事物的方式，也是一种把注意力拉回到性欲上，而不是消极分心的想法上的方式。

如果你希望自己的正念技能与时俱进，就需要不断练习，我建议你不要急于完成下面的三部分。我们的目标首先是熟练掌握性爱之外的正念，这样你就会习惯于引导自己的注意力，发现自己走神的时候能把注意力拉回来。当你对此感到自信时，就可以开始将这些做法融入你的个人性体验（自慰）中，然后再融入与他人的性爱情境中。

第一部分：下载一个练习正念的应用软件，每天在性爱之外的情境加以练习。其关键是磨炼你集中注意力的技能，专注于当下，当发现自己的注意力分散时，要不带任何偏见地重新引导它。考虑到正念需要不断练习，我希望你要先对自己当前的水平感到满意，当你有足够信心时再开始下一阶段的练习。当然这取决于你自己，但如果你是正念新手的话，我建议你至少每天进行练习并持续几个星期。

第二部分：如果你已经进行了一些普通练习，已经能熟练地将注意力逐渐转移到你正在关注的事情上。现在，如果你觉得可以的话，我希望你能进行下面两个新练习。

（1）选择聆听以全身扫描为中心的正念音频，通过体态关注生殖器的感觉（顺便说一句，你会注意到能下载的大部分全身扫描练习都不包括盆骨部位——从性负面的社会角度来看，这很有趣）。

（2）把同样的专注技巧运用到自慰中去，带着好奇心感受生殖器，在自我触摸的过程中注意你全身的感觉。

一旦你学会关注生殖器的感觉/性感觉，不仅能增强思想/身体的联系和性欲，也能在性爱中将注意力集中到你希望的地方。

第三部分：在此之后，如果你觉得已有能力，就可以在与他人的任何性接触中进行练习，正如独自一人时做的那样，但这次你可以尝试关注两个方面。

（1）你自己的感知（你的身体现在有什么感觉）。

（2）你感受到的某种事物（你能触摸到的/闻到的/尝到的/暖和的事物，或者伴侣身体部位的视觉图像）。

与往常一样，如果你发现自己的思想徘徊在消极或令人分心的事物上，先恭喜自己成功捕捉到了这一点，然后让注意力重新集中到当下。

第 7 章

我们对性欲的理解存在差异

我坚信，性生活的最大挑战之一是我们对性欲的理解存在差异。如果不了解性欲的运作机制，我们该怎样享受性生活以及处理与他人的性关系？如果不了解会激发或扑灭性欲之火的感情背景，我们又该如何安排性生活？如果确定不了何种情况才算正常，我们又怎样避免自己崩溃呢？本章着重于完成拼图的最后一部分，从而使你对性欲有新的理解。

关于性欲的事实令人吃惊

你可能还记得，我们在第2章谈到了这样一个事实：在研究过程中，许多女性表示自己近一个月里几乎没有自发的性欲（突如其来的性欲）。这一发现很重要，有下面几个原因。首先，我们以前是按照男性的标准来判断女性的性欲，尤其体现在男性对这种看似突如其来的性欲水平预判偏高。以男性标准为基准来评判女性意味着相比之下，那些表示没有自发性欲的女性看起来是有问题的，而她们自己、她们的伴侣和医生都会这么认为。

这些新理解之所以非常重要，是因为对许多女性来说，没有突如其来的性欲很正常，不应将其视为一个问题。最初我们提出这一问题——"你希望多久进行一次性爱？"——是在衡量一种所谓"自发"的性欲，即时隔多久会在没有明显刺激的情况下想要做爱。尽管多数女性表示"很少"或"从不"，但大部分女性报告说，大多数情况下仍然会在性爱中体验到性唤起。这意味着女性感受不到突如其来的性欲很正常，这并不代表存在问题。同时也重申了一个观点，即性欲常在性唤醒的基础上被触发，这一点对本章至关重要。

既然性科学家已经知道性欲存在多种正常的表现方式，为什么还有那么多女性为此担心呢？答案很简单：在适当的情境中，女性的性唤醒和性欲都能很好地运作，但是目前我们对性欲的理解存在差异，导致无法创造合适的情境。具有讽刺意味的是，这种理解的差异甚至会导致我们为这种情境设置障碍，阻止其出现，从而牢牢地掩盖了性欲出现的可能性。

性学的历史和当前的观点

那么，为什么这些关于女性性欲的过时观点仍然存在，导致一些女性觉得自己缺少了其他女性拥有的东西呢？在第1章中，我简要介绍了心理学和性研究领域的一些关键人物，他们为我们理解性学做出了贡献，无论是在那个时代，还是他们身后留下的研究遗产。你可能记得马斯特斯和约翰逊——两位开创性的研究人员，他们在实验室观察情侣做爱，首次确定了"性反应周期"，并将其作为人类性行为的一个普遍特点。这一观点最初由马斯特斯和约翰逊在20世纪60年代提出，在70年代后期，卡普兰对此进行了至关重要的补充——他认为性欲出现在第一阶段，是后续所有反应的先兆。

下面是其运作方式：

马斯特斯和约翰逊/卡普兰提出的性反应模型（1974）

该模型指出，我们最先经历的是性欲，这是一种进行性行为的心理冲动。随后，这种性欲引发了生理性兴奋，化学物质因此传遍全身，为身体和生殖器做好性行为准备。随后的阶段是高潮，伴随着盆底、子宫和直肠肌肉的节奏性收缩，产生愉悦感。最后过程结束，身体回到未唤醒状态。

多年来，该模式一直饱受争议，原因如下：

★ 它假设性爱是一个简单的生物过程，排除了任何社会、两性和心理方面的因素。

★ 它认为人们的性体验是线性的，并且总是遵循这个顺序（例如，性高潮总是性唤起之后）。

★ 它指出性欲是最先出现的（尽管很多人描述自己没在性爱中感觉到欲望，而且我们现在知道，性爱的最初阶段是性唤醒）。

★ 它主要是根据男性生理机能来设计的，将对男性生物学与性经历的考量置于女性之上。

如果我们谈到性高潮，你就可以看到这一论点以男性为中心的一面。如果这个模型是基于女性性反应建立的，那么鉴于许多女性有多重高潮，它可能从性唤醒到性高潮，再回到性唤醒，之后又是性高潮，如此循环往复。我们在第1章中谈到了性别政治及其对性生活的巨大影响，这里有另一个例子体现它对性科学的影响——几十年来，为建立一个本质上更适合男性的性行为模型，女性的性经历一直被人们忽视。当马斯特斯和约翰逊在实验室中观察情侣时，他们观察到了男性的这一反应序列，也观察并记录下了女性的反应变化，但在最终提出的建议中，他们却选择了一种更符合男性性体验的模型。

根据我的临床经验，许多男性都赞成上述模型，并觉得它非常适合自己。如果你有男性伴侣，也许可以展示这一模型并询问他们的看法。这是一个很好的话题，也是了解他们性体验的好方法（同样也是开始讨论你作为女性的性体验与之有何不同的好方式）。事实上，研究发现，很大一部分男性（还有一些女性）觉得这一模型适合自己，所以选择该模型并没什么错。

首先，马斯特斯、约翰逊和卡普兰的模型告诉了我们在当时怎样的性行为被认为是正常的：我们感觉到性欲—对此采取行动—身体兴奋—高潮—终结。正如第4章中所反映的那样，起源于科学的语言成为集体的社会和文化理解。它变成了"真相"，告诉我们现实是怎样的，而我们甚至没有意识到这一点。我们对性欲的概念化就是最好的例子，几十年来唯一的性反应模型告诉我们欲望是第一位的。这种欲望自发出现，先于其他任何事情，因此缺乏它就成为基于该模型诊断性欲问题的标准之一。科学和医学对情况正常与否的指示逐渐散播，并成为大众文化的理解，这就是我们所期望的真实，是性剧本的信息来源，而不论它说的是什么，只要与我们的性经验有差池，那必定是我们的失败。这就是女性如果感觉不到突如其来的欲望，就误以为自己"性欲低下"的原因。

尽管在拥有新伴侣或分居一段时间的情况下，女性有出现自发性欲的普遍趋势，但关于为什么有些女性在长期恋爱中拥有相对更高的自发性欲，仍有一些别的理论。

新提出的性反应重要理论，例如双重控制模型，表明性反应受两个内部系统（"性兴奋"和"性抑制"）之间相互作用的影响，根据这种内部平衡，人们会拥有或多或少的性行为倾向。我们可以粗略地认为，正是这种"性唤醒能力"的差异使不同人的性欲不同，该词在这一语境中的含义是：你可能常有关于性的想法，或者更倾向于为此付出精力，更容易注意到性刺激和性欲。这些彼此独立又相互联系的系统，建立在生理和心理过程之上——我们的身体、激素和大脑的作用，以及过去所学知识与经验的作用。"性兴奋"用来描述一个人被性思想、图像、与他人的互动以及身体感觉等事物唤醒性反应的难易程度。"性抑制"指在感知到威胁的情况下（比如他人的反应、注意力分散、对性的负面感觉、意外怀孕或痛苦的风险，或违反社会规范和价值观），失去性唤醒的倾向性。性教育者和研究者艾米丽·纳戈斯基对此做出了形象的类比，将"性兴奋"看作汽车的油门，"性抑制"看作刹车，对这两个系统进行概念化。在性抑制系统中，有一个方面被证明对担忧性爱的女性特别重要，即所谓的"性唤醒应急性"，这意味着你很容易发现自己在性爱中分心，或者需要一些"恰到好处"的条件才能开始或持续性行为。这种情况越多，就越会打断诸如性欲之类的性反应。

性抑制系统的另一方面是过分关注自己的性功能，担心自己不会兴奋或高潮。对于女性而言，无论"性兴奋"的程度如何，高水平的"性抑制"对性欲的影响都可能更大。

我相信，读到这里，你已经得出了一些有根据的猜测，知道不同类型的经验、知识和态度将以何种独特方式影响你的性兴奋或性抑制。基于目前讨论过的所有因素和生物化学过程的处理结果，双重控制模型表明，正是性兴奋与性抑制之间的相互作用影响了性欲及性反应的旺盛与否。于是又回到了这个观点：性欲不是驱动力，而是对学习、记忆和注意力的处理，是对未来的结果和回报的预测，也是上述所有要素与生理因素交互作用的结果。这意味着，如果你的"性兴奋"程度较高而"性抑制"程度较低，那么与拥有相反组合的人相比，你可能会注意到更多的自发性欲。

那么，你的欲望是响应性的还是自发性的？事实上，就本书和你的性生活目的而言，这一点并不重要。如果你正处于一段新关系中，或者与长期伴侣以外的其他人发生性关系（或性幻想），或者与伴侣分开一段时间，你可能会出乎意料地想要做爱，这是可以预见的。而我们中的一些人甚至会经常感受到突如其来的性欲。

但也有许多人从来不曾（或很少）突然产生性欲，他们的欲望似乎只来自与性无关的动机（想获得亲密感，以及其他"类似"的原因，例如满足伴侣的性需求），或者只是生理性唤醒之后的结果，而对于某些人来说二者皆有。关键在于，你所处的环境（社会、文化、人际关系以及所接触的与性有关的信息）都将对其产生影响。

还有一点需要提醒，当前性科学的观点认为，很可能所有性欲实际上都是响应性的，不存在"自发性"与"响应性"之分，但我们不一定总能够意识到自发性欲的诱因。在这一阶段，重要的是了解这两种性体验都是有效且正常的，以及生活中人际关系、背景、环境、心理等很多因素都会影响你的性体验。

一个新的理解

2000年，对性医学特别有兴趣的加拿大医生罗斯玛丽·巴森博士提出了一种新的女性性反应模型，这为理解和研究女性性欲开辟了一条新的道路。巴森的性反应循环模型包含了近期研究中发现的许多方面，包括情境的重要性、性行为的最初动机可能不是想要做爱、恋爱关系的影响和快感反馈的重要性。巴森的模型还包括这样一个事实，即许多已经建立恋爱关系的女性很少有"自发"的性欲，所以必须假定女性需要在另一个不同的情境中开始激发欲望。巴森质疑，如果其他现有模型不包括这些方面，那它们的实际适应性如何呢，以及在全球研究中，对女性性欲缺乏了解是否很大程度上增加了对性欲感到担忧的女性比例？

这一循环模式的关键点是，在已建立的关系中，女性通常从性中立的状态开始（即没有欲望）。然而该模型表明，如果女性愿意寻求或接受性刺激，且没有负面的心理和生理障碍，她们可能会发现自己能体验到性兴奋。在这个模型中，只有到那时，她们才能体验到性欲。

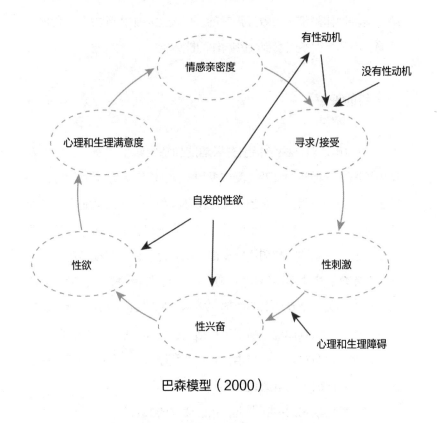

巴森模型（2000）

这意味着我们首先必须接受性欲的概念（这与有欲望是不同的），然后用一些因素去触发它，接着就要确保没有阻碍因素。在此之后，性兴奋（生理变化）会先于性欲出现。还记得上一章中这个过程是如何发生的吗？如果在产生性欲之后，她们又通过性接触得到了生理或情感上的回报（快感、高潮、满足），就会觉得她们对伴侣的情感亲密度增加了，这使她们以后更有可能接受或寻求性刺激。同样，快感、满足感或情感亲密度的降低会对性欲产生负面影响，使我们对性爱的接受度降低（低回报的影响）。

你可以看到，这个循环模型表明一些女性，或者说处于特定情境中的女性，确实会产生自发的性欲。重要的是要记住，处于长期恋爱关系中的女性并非不能体验自发的性欲。一些女性说她们有很强的自发性欲，而有些男性则不会如此。有些女性会不时地有自发的性欲，例如每月一次，这种性欲（对于未接受激素避孕的女性而言）可能在排卵期的前后以及经期的前后。但并不是所有人都是这样，如第4章所述，当然也不是每个人都认为他们应该每周有三次的自发欲望。

巴森的模型为那些用以寻求或接受性刺激，却又与性无关的性动机制定了标准（想想你在第6章中为自己列出的动机清单）。可能就是这些原因，而不是感到有欲望，促使了女性寻求或接受性刺激。在此之后，只要没有障碍，性兴奋和性欲就会随之而来。

巴森模型中的关键信息：

★ 女性的欲望通常被认为是敏感的，可以通过接受性刺激来激发。

★ 在性爱中，欲望不是第一位的，许多事比它更重要。实际上，女性等待欲望先出现会花很长时间。

★ 除了欲望以外，还有许多其他的性动机，一旦女性决定投入性爱，性兴奋和欲望就会随之而来。

许多前来问诊的女性告诉我，这种模式确实非常符合她们的性经验，而事实上对很多男性来说也是如此。你对自己的欲望有什么发现呢？到目前为止，与伴侣的不同性欲体验会对你们的性爱关系产生什么影响？巴森的模型帮助人们理解生活中欲望如何表现，以及可以通过何种方式来改变欲望，这非常有用。因此，我想详细介绍模型的各个部分，以便你真正理解并将它应用于性生活。

善于接受性欲

寻求或接受性刺激的行为有时被称为"意愿"，类似于"开始做一件事然后看看进展如何"——问题在于，在你尚未进行任何性行为，并等待性欲来临之时（我们对此深信不疑，所以经常这样做），或许会做出与接受性刺激截然相反的事。我们会在任何可能通向性爱的道路上亮起红灯，甚至对伴侣的任何微妙线索或暗示产生警惕，而这可能正是他们期望进行性爱的方式。于是，欲望之火在第一阶段就会被熄灭，甚至都不曾有机会点燃，就像下面托丽的例子一样。

托丽知道，丹总是想在星期六的早上做爱，因为这是一周中闹钟响起时他们不用起床的第一天。但当托丽在丹面前醒来时，她就跳下床去洗个澡，以避免尴尬。

在上面的事例中，托丽对丹的欲望非常警觉，她并不想接受性刺激，因此，她决定积极地避免任何性刺激。当性欲差异成为冲突根源时，许多人可能都会遇到这种情况。相比之下，在下面的例子中，米娜更容易接受性刺激，而这在逐渐形成性兴奋的过程中得到了回报。

当米娜和罗克西在看电视时，罗克西开始用手指抚摸她的腰，她就知道罗克西在想着性爱。在那一刻，米娜并不觉得她想要做爱，但是她很享受这种抚摸，并且很高兴让罗克西继续以这种方式抚摸她，因为这感觉很好。过了一段时间，米娜开始有了一种熟悉的性兴奋感，那就是她开始性兴奋了，然而在她意识到这一点之前，他们已经开始激吻。到了某个时候，米娜开始觉得自己希望更进一步。

在我的临床经验中，接受性刺激并允许性欲产生的最大障碍之一是来自性剧本的压力——比如"不要勾引人（尤其是男人）""性爱过程中提出暂停"，或者性爱必须以某种方式进行（比如以插入式性交的方式结束）。这些剧本成了我们的第一重障碍，如果你想着热吻会让你的伴侣兴奋起来，让他感觉到你的性欲，但（当前）你并不想做爱，所以最后拒绝了他，令他失望了，又怎么可能去享受一个热吻呢？事实上你不能这样做，遵循这些剧本会让你失去接受性刺激（激情之吻）的机会，而这些机会原本可能引发性冲动。

根据我的经验，当谈到如何进行性爱的话题时，女性及其伴侣必须真正理解坦然接受性欲的重要性，通过在彼此之间建立一种高接受度和低压力感的性文化就可以做到这一点。但现实中的性欲差异往往导致相反的结果，情侣双方都为了避免对方失望而过度警惕。再加上情侣关系中（至少）有一个人不满于当前的性爱频次，那么每一次接吻、抚摸或赤裸相待的时刻都会让人感觉是迫于性爱压力才进行的。对于那些性欲较低的人来说，避免性欲产生会比承受更大的压力要容易得多；对于那些性欲较强的人来说，满足性欲的时刻越少，其伴侣就越觉得回应他们、给予他们高潮尤为重要。在意识到这一点之前，你就已经陷入了压力和失望的旋涡之中，而这些压力和失望仅仅是围绕着一个简单的吻。

这就是性爱货币形成的原因，而且在性爱方面，社会对女性的重要影响在于优先考虑他人的快乐，不让他人失望。第5章中提到的性爱货币是一种描述性伴侣之间关系的方式，一种恋爱关系中的性爱文化。性爱货币的增加会促使一种接受度更高的性爱文化产生，因为性刺激是频繁的，而它本身并不是性爱的信号。适应可能引发性欲的情境，其关键在于女性要优先考虑自身的性需求，不要怕"让别人失望"或发生令人不满的事情，而是在与他人邂逅时，拥有划定个人喜好的自主权。

性刺激

在上面的例子中，罗克西和米娜之间这种性爱货币的频率就是一种性刺激，它影响着米娜的性欲频率。当罗克西以这种方式抚摸她的背部并亲吻她时，米娜并不总感觉到欲望——她可能度过了压力很大的一天并且心事重重，他们可能刚刚吵了一架而她非常生气，或者她可能非常疲倦。但是他们之间的这种互动越频繁，在某一时刻触发欲望的机会就越大。你可能还记得，任何能够触发我们性冲动的东西都是性刺激，无论我们是否有意于此。可能是关于性的念头或幻想，也可能是情侣之间试图开启性爱的间接方式，即使某些人（伴侣或其他人）无意这样做，我们也可能会把他们的行为理解为性刺激。当然，我们不会总能猜到怎样的性刺激会让自己或伴侣兴奋，而且对于所有人来说，适用于不同时间或关系的刺激是不同的。可能在某一场合，性刺激对我们来说是色情的，但在另一场合却让我们兴趣寥寥。还记得上文的托丽吗？想象一下，如果她愿意接受性刺激，在那个星期六的早上并没有跳下床逃避性爱，接下来会发生什么呢？

托丽把丹星期六早上在床上的行为理解为性刺激，因为他经常在她半睡半醒的时候翻过身来，用手抚摸她裸露的肚子、亲吻她的脖子。她很享受他的手在她身上抚摸的感觉，而且当他们昏昏欲睡时，他在床上这样做让她觉得很性感。托丽比丹早10分钟醒来，考虑到今天是星期六，他们又没有事情可做，所以在这段时间里，托丽一直在想他们会不会做爱。在丹醒来前的10分钟里，托丽沉浸在性爱想法中，甚至在丹还没醒来时，她就感到了性兴奋和欲望。

在这个例子中，托丽接受的性刺激来自她与丹肢体上的亲密接触，从丹身上获得的愉快触摸体验和她内心的性爱想法，都对性欲起了推动作用。在第一个例子中，托丽很少体验这些性刺激，因为她知道性爱即将开始，为了逃避便早早起床，她也会猜测丹希望将性爱进行到什么程度——但她并不想这么做。而在第二个例子中，托丽更容易接受这些性刺激，并能把握机会引起性兴奋和性欲。

那丹呢？丹可能会经历下面这些。首先，他可能并不想赋予触摸和亲吻别的意义，这可能只是他起床前5分钟接触和享受伴侣身体的方式。对丹来说，如果他想感受性爱的话，这种触摸也可能是他刺激自己性兴奋和性欲的一种方式（记住，男人不是来自火星的）。最后（与上一个原因相结合），丹可能已经通过间接方式与托丽进行过交流，并期待着性爱发生。他也有自己的性动机，托丽是起床避开他，还是享受5分钟互相抚摸和亲吻的时间，可能会在很大程度上影响他的需求满足度，而这取决于托丽鼓励他以哪种方式与自己接触。

在第5章中，我们提到了一种被称为"性发起"的特殊交流的作用，它可以是直接或间接的。除了"偶然的"性刺激（例如在电视上看到性爱场景，觉得很性感）和增加性爱货币（一种下意识的性爱方式，比如重新开始和曾经一样的激情热吻，亲吻有时会充当性爱货币），性发起也表现为尝试利用性刺激与伴侣直接交流的方式。

这里举几个例子来帮助你理解。请通过下面这份艾米和马克的清单，看看在他们的关系中，性发起是如何作为性刺激发挥作用的。清单的最后几项并不能为艾米提供足够的性刺激，实际上她发现自己已经屏蔽了性刺激。清单中间的那些条件有时可能让艾米感觉到性刺激，有时却毫无用处，这就取决于一些其他情况了。而清单的开头部分是艾米从未和马克分享过的东西，她觉得如果马克能接受的话，这真的会对她起到性刺激的作用。

★ 马克将当天晚上想对她做的事以露骨的文字或图像形式发送给她。

★ 马克会给自己买新内衣，想穿上后给她一个惊喜。

★ 马克给她做全身按摩，但坚持说按摩不会导致任何后果。

★ 马克跑完步回来时，看上去很热，汗流浃背却英姿勃发。

★ 他们看电视时，马克会下意识地用手指拨弄着她的头发。

★ 看着马克在聚会上表现出自信又风趣的样子。

★ 马克说："好久没做了，今晚要不要做？"

★ 马克会在艾米准备工作的时候走到她身后，轻柔地抚摸她的乳房。

我们可能想接受性刺激，并培养自己的性欲反应能力，这样就可以一直体验性兴奋和性欲。与此同时，我们也要从更广的层面看待性刺激（以及对这种刺激的专注度），这同样很重要：

★ 在性启动的过程中，我们是否会陷入不性感的俗套？

★ 当前关系中的性刺激真的很少吗？

★ 即使知道下一步做什么、如何做且愿意去做，我们还是会对此感到不熟练吗？

★ 我们是否在这些性刺激起作用前就屏蔽了它？

★ 能否讨论一下，我们与伴侣之间是否存在一些彼此不了解，但可能对性刺激和性发起非常有效的事情？

★ 我们能否聊聊真正希望对方去做或去尝试的事情？

现在仔细想想这个问题，如果伴侣喜欢的性爱方式没法让你兴奋，或者你真的对更进一步的性行为有心理抗拒，你的伴侣会做些什么来改善这种情况？有没有什么事情是你希望他做的，感觉有用但从来没有要求过？你是如何暗示伴侣开始性爱的（语言？行动？）你觉得他会怎么想？

"我的前男友曾经一直以某种固定的方式吻我，自始至终没变过，最后我厌倦了。对我们来说性爱真的很枯燥，因为我觉得可预

见的性行为令人生厌。"（阿曼达）

"我的伴侣只会简单地问想要吗，这就让我很恼火，更不用说别的事了。我从来都不知道该以何种方式让他明白自己想做爱——完全不知所措。我只是希望他能明白我的暗示。"（塞丽娜）

"我觉得我的伴侣并不知道什么事情真的让我兴奋，也不知道什么事情根本没有效果。"（罗伯塔）

在本章结束时，你可以选择做一个练习来思考这个问题，并与你的伴侣讨论。这是模型中很重要的一个方面，如果你感觉受到了性刺激，但你正在做或说的事情却阻止了性兴奋和性欲的出现，那么解决这个问题至关重要。

而同样重要的是，不要觉得自己或伴侣在这方面失败了，或做错了什么。事实上，双方都有责任找到一种沟通方式，来了解在性爱中什么是可行的。如果做不到这一点，我们就不能期望真正了解彼此可能喜欢什么。请记住，我们也曾考虑过性爱之事多么难以启齿，所以有时出现不同步的情况也不足为奇，尤其是考虑到需求和喜好会随时间而改变。下文中萨拉和克莱奥的例子就表明，如果伴侣之间的沟通问题不加以解决，那么随着时间的推移，试图成为性刺激的行为就不再起作用，或者会成为性欲的障碍。

萨拉与奥利是一对情侣，当奥利想要做爱时，他会走到萨拉身后，将双手放在她两腿之间的衣服上。他在前一段恋爱关系中学会了这样做，他的前任常常对这种做法做出积极反应，但萨拉觉得这种行为太过分了，她很厌烦但从来没有告诉过奥利，怕伤害他的感情。这种行为对萨拉没有起到性刺激的作用，反而直接阻碍了她的欲望。

克莱奥与阿比是另一对情侣。在性行为活跃的几个月中，他们的肢体接触非常频繁，但很少有接吻和性接触。有一件事情对克莱奥来说难以启齿，那就是她很清楚阿比什么时候想要性爱，因为当克莱奥开始用另一种声音说话时，阿比就感到兴奋了。但克莱奥觉得这个"婴儿"般的声音很幼稚且不性感，但她不想让阿比失望，所以还是坚持这么做，况且她知道阿比只是在试图传达一些难以直接谈论的东西。他们通常在最初阶段经历这种尴尬，而后才发生性关系，但这从不是令人舒服的性爱开始。

性刺激不只关乎情侣中的某一人，以及他们做或没做什么。我们知道，对于许多女性而言，幻想或思考性行为是一种性刺激，就像看色情片、阅读色情书籍、听色情音频或与他人谈论性爱一样。一些女性认为某些类型的触觉、气味、音乐或记忆可能会刺激到她们。你可以尝试自己回忆并发现它，这对于理解自己的欲望很有用。如果你主动接触性刺激，比如阅读色情书籍、听色情音频或看色情片，一边观察自己的性兴奋和欲望变化，这也可能带来启示。以我的经验，它可以从两方面帮助女性：首先，能帮助她了解被激发的欲望是正常的，因此她们是正常的。其次，可以让她们明白如果出现性欲障碍，说明存在一些阻碍因素，比如不习惯都可能造成性刺激的缺乏，还有一种可能就是这些方面都很顺利，但有一些其他因素干扰了欲望。

心理障碍

在上一章中，我们详细研究了脑海中的想法如何影响性生活中正在发生的事情。你一定记得其中有几个主要的心理障碍，它们基于我们对性唤醒或专注度的关注、与性相关的思想内容及其影响性生活的方式，还有我们关于性的学习或联想，这涉及迄今为止我们所有的性要素及恋爱关系史。

现在你应该已充分认识到，性爱过程中的想法会产生多么重要的影响，以及关于自我、性和身体的消极想法，或者对积极事物缺乏关注，将如何抑制性唤醒，甚至使其停止（从而阻碍欲望产生）。在下面安迪的例子中，她的接受能力、性爱货币和性刺激水平都很高，但是存在威胁性欲的心理障碍。

安迪常对性爱方式持开放态度，她和伴侣在恋爱关系中为性刺激创造了很多机会——他们经常纯粹地接吻，花很多时间在床上聊天，一边大笑一边亲密接触对方的身体。但是安迪一想到伴侣可能希望更进一步，便会因对自己和身体的担忧而困扰，通常表现为各种对身体形象的关注。她担心穿着的内裤不合适，距离洗完澡已经有一段时间了，现在身上有多少体毛，当时灯光下她的身体看起来会是什么样。有时她发现几乎必须与这些思想做斗争，直至感受到性唤醒和欲望的那一刻，一旦这一时刻来临，那些想法就逐渐淡出脑海，取而代之的是欲望。

现在我想请你注意一个目前尚未讨论过的关键心理障碍，即期望和压力。没有什么比觉得不得不做某件事，或被期望做某件事更令人厌倦了，性爱也是如此。

如果每次接吻都必须以性爱告终，每次性爱又必须遵循某种方式，那么欲望就会受到打击。以我的经验，对既定结局的期望和压力是导致性生活不满的两个关键因素。我们在第4章中讨论过，"我们已经开始做某件事，所以必须完成它"（尤其如果其中一人的需求被置于另一人之上）这种想法非常不利于长期关系的维持。同样，新婚之夜、约会之夜、周末之夜和酒店之夜都有类似的效果。

此外，保持期待确实可以帮助建立欲望，不应低估它作为欲望触发工具的价值，我们曾在讨论安排亲密时间的时候提到这一点。这与之前所提内容的主要区别在于压力和可预测性与既定的结果有关，而对某些不确定是否发生之事的期待则会激发兴奋感。这时花点时间考虑一下你在性生活中面临的压力、可预测性或期望因素，以及在上一章中发现的其他任何有问题的想法或分心的情况。克服这种潜在心理障碍的方法是营造一种低压力的恋爱文化，这意味着需要创造身体或情感上的亲密情境来触发欲望，但两个人得有一个坚定的共识，即所有这些不必导向某种既定结果。我经常向情侣解释说，希望他们将性爱观念朝着"平凡且经常"的方向转变，而不是"稀少而关键"。我发现对于大多数情侣来说，这可能意味着观念的巨大转折，但是一旦他们看到这种低压/高频性关系带来的益处，通常会显著促进性生活向前发展。

环境障碍

在第2章中，我介绍了一个有趣的事实，即英国人民的性生活比以往任何时候都少。在我看来，情侣通常不会充分重视个人生活状况对其性生活的影响。对此进行检查非常重要，并且这是最容易改变的方面之一。比如，环境障碍并未被明确命名为巴森模型的一部分，但它们也与心理障碍有关，或者作为恋爱关系中更广泛背景的一部分。因此我鼓励情侣明确实际生活中影响性欲的各方面。

没有谁能比一对原先以为自己的性生活因某些性欲矛盾而注定不幸，后来却意识到这仅仅因为没有优先考虑性行为，只要考虑了就能改变局面的情侣更自由、更有干劲。提供重大意义的信息可以改变恋爱关系，他们以前可能没有这种认识，因为他们认为性欲和性爱应该是自发的，它"自然地"发生，无须付出任何努力。

你可能还记得第5章中的亚历山德拉和威尔，他们的饮食和运动计划导致没有空闲时间进行性爱。下面凯蒂和瑞安的事例中，也可以得出类似结论。

凯蒂和瑞安意识到他们的日程安排中没有空余时间用来进行性爱，并期望着性爱在他们独处时随机而自然地发生，这通常不太现实。于是他们决定每两周空出一个晚上，真正在情感和身体上建立联系，为性爱创造适当的环境、空间、时间和条件。这原本是凯蒂的瑜伽之夜，而瑞安则与朋友在一起。他们并不总在这些夜晚发生性关系，但总体来说发生的概率高于不发生。在日程安排中腾出空间意味着必须压缩其他时间，但他们认为值得做出牺牲，而在了解性欲如何发挥作用之前，他们很难想出这种解决方案。

当诸如时间等实际因素阻碍性欲的出现时，可以选择在生活中优先考虑性行为，并在双方认可的情况下将固定时间投入恋爱关系（可能也需要一些妥协）。或者你们也可以选择接受性生活不会尽如人意，因为生活总是横亘其间，所以放宽心，要知道这并不意味着任何一方有错，或者你们的恋爱关系注定失败。

生理障碍

在第5章和第6章中，当我们讨论生育孩子的影响和情绪低落或焦虑时，提到了由药物、疲倦、激素变化等导致的不利于性生活的生理障碍。

然而，还有一个生理因素尚未谈论，那就是痛苦的性经历。对我们所有人来说，插入式性交都可能会时不时地令人不适，比如当我们的性兴奋不完全、体位姿势不适合，或者没有使用足量润滑剂的时候，这没什么好担心的。但是，约7.5％的英国女性在阴茎插入或阴部接触时感到疼痛，这可能严重影响性满意度和性欲。正如上一章所述，疼痛影响着我们的联想和学习，如果一件事无法带来回报，我们就不太愿意做，但如果一件事带来负面后果（比如痛苦），那么我们就更不愿意去做。性生活不应带来伤害，如果你遇到这种情况，请前往咨询医生，他们可以建议你做一些检查，以便获得医疗支持，帮助你克服这一问题（一般在排除医学原因引起疼痛的可能之后，你可以选择性心理疗法和骨盆理疗法）。

性唤醒和欲望

在上一章中我们了解到，在性唤醒过程中大脑和身体保持同步被称为"协调性"，并且有证据表明良好的协调性能帮助性功能的发挥。循环模型的关键方面之一是性唤醒先于性欲，实际上，注意到自己的生殖器兴奋，以及随之而来的其他身体变化和愉悦感，通常可以在心理层面触发我们的性欲。

这意味着女性可能注意不到自己的性唤醒，而对于一些人来说，这可能导致她们与自己的性欲失之交臂。正如你所知，洛瑞·布罗托博士及其同事们的研究进一步证明了这一观点，他们发现定期进行正念练习的女性更能关注生殖器的感觉，在性交时身心协调，性唤醒和欲望水平也较高。

关于生殖器兴奋的另一个有趣点是，当我帮助来访女性摆脱"性欲低下"的担忧时，会问她们在一个月内是否曾注意到生殖器有任何酥麻、激动和潮湿的感觉，可能是对她们看到、读到或想到的事物做出的反应，答案通常是肯定的。有时如果她们不确定，我会让她们完成一个任务，在接下来的几周内对此加以注意。而当她们回来就诊时，很少有人说没有注意到这种情况。这经常引发一场关于她们为何将其等同于性欲低下甚至缺失的谈论，这种讨论非常有用，因为它使人们意识到问题可能不在于是否感觉到性唤醒或性欲，而在于能否在合适、方便的时候面对性伴侣并感觉到直接的性唤醒或性欲，或者以此回应他们的言行。此外，还在于是否有足够的自信或动机将身体冲动转变为与他人进行性爱。

帮助女性了解自己的欲望（通常是对性唤醒的反应）是一件有趣的事，不管她有没有亲自尝试去触发它。例如，她们可以观看色情片、听色情音频或发挥想象来做到这一点，这会给人带来无与伦比的安心感，也对进一步了解自己的欲望至关重要。只要愿意花时间创造有利条件，就很容易触发欲望。

单独练习也可以作为了解性唤醒和性欲工作机制的方式，你能从中找到适合自己的性刺激类型，并且没有任何心理障碍困扰。在本章的最后，你将看到关于激发性唤醒和放大其感受的练习，以便通过尝试了解更多有关此过程的信息，并使其在性生活中起到积极作用。

在循环模型中，我们对性欲最敏感的心理阶段出现在其他所有阶段之后。这意味着对许多女性来说，一味等待性欲产生可能并非经营性生活的良策，她们可能需要很长时间才等到自发性欲的来临。

只有在所有其他条件具备时（有色情刺激，没有心理或生理障碍），性欲仍然无法产生，我们才真的需要担心欲望和性唤醒问题，但在我的职业生涯中很少见到这样的女性。当我们将其他各种方面考虑在内，这数百名女性实际上都不存在性欲障碍。

心理满足和生理满足

性爱并不只是性高潮，当然，巴森从广义上有效地将"心理和生理的满足"定义为拥有愉悦的性体验。但是，正如你在上一章中了解到的那样，在性爱中缺少快感，或由于其他原因而无法享受性爱，将会阻碍其积极影响，并随着时间的推移降低性欲。在第3章中，我们讨论了异性性交时的高潮差异。性高潮差异对性欲至关重要，一旦认识到学习和记忆对于激发性冲动的重要性，我们就能明白性高潮差异为何如此重要。简而言之，性爱中的愉悦度或满足度会对性欲产生影响，使其蓬勃发展或受到抑制。

让双方都能得到满足，对任何情侣来说都是可以实现的目标，如果一对情侣允许其性生活朝着有利于男性生理和快感的方向发展，而不是朝着有利于女性的方向发展，那么他们的性欲就会随着时间的推移而减少。在男女恋爱关系中，这种情况比你想象的要普遍得多，至于其原因在前文中已经提及。

如果性生活频率下降和令人不愉快了，那这个问题就需要解决，以免随着时间的推移，出现性欲下降的情况。对于大多数异性恋情侣而言，不以插入式性交的方式结束性爱感觉像一种文化的重大转变，尤其如果多年来他们一直以这种方式进行性爱。这意味着我们如何做爱或者如何看待性爱对性满意度至关重要。改变一些已经成为惯例的事情需要转变理解和加强认知。但如果没有这种转变，随着时间的推移，你的性生活可能面临由于习惯、可预测性和缺乏新颖性而失去魅力的风险，同时减少能带来的回报。

除了带来高潮，性爱的其他益处可能包括：感觉自己很有魅力，做爱很性感，感觉与伴侣有羁绊，亲密度增加，能一起玩乐或自由表达欲望。正如你从模型中看到的那样，这些事情发生得越多，性体验就越有可能令人满意，未来的性欲也就越强。回想一下第3章中的"良好性爱条件"，正是这些东西的存在才会使性爱变得有所不同。但如果这些条件都没有满足，如果性爱普遍缺乏回报，而不只是缺乏高潮，那么这个问题亟待解决。

情感亲密度

循环模型表明，以心理和生理的满足为特征的性生活，其积极结果是与伴侣的情感亲密度增加，从而产生幸福感。与此相反，假设在性生活中缺乏心理和生理的满足，那么随着时间的推移，亲密感和性联系就会减少。

这很重要，因为情感亲密程度决定了女性是否愿意在未来接受性刺激。就像前面章节中提到的那样，亲密度还让女性可以出于与性爱无关的动机开放地接受性观念。但是，这种循环反应存在一个不太有利的情况，它可能使性中立的实现变得更加困难，因此随着时间的推移，感觉有动力做爱或接受性刺激会变得更有挑战性。考虑一下，何种情况下你和伴侣会觉得在情感上最为亲密，对一些人来说，可能是一段真正的交流时间；对另一些人来说，可能是一段沟通良好和细心倾听的时间，也可能是一起享受乐趣的时间。关键是，你可以花时间为恋爱关系的各方面创造条件，或者只是把它们当作重要的、必须滋养的东西，从而最大化其优势。

你的欲望如何发挥作用？

读到这里你可能会发现，基于我们对性科学中欲望的了解，你体验性欲的方式可能是多种多样的。第一个是经常突然想到性爱，虽然这在早期恋爱关系中很常见，此外在男性的行为中更为常见，但一些女性肯定会把这视为她们欲望发挥作用的方式。更可能出现的情况是，你很少注意到自己萌生性爱想法，或者感觉它是突然产生的，但如果你读到、看到或想到一些色情的事物，就会注意到身体的兴奋并付诸行动，当然也可能不会。或许你很少想到性爱，但请注意，一旦你敞开心扉与性伴侣开始某种性接触、亲吻或性行为，欲望通常或者说总是随之而来。对一些人来说，这些行为可能会交替出现。有时他们会突然想到性爱，有时是出于其他原因而产生性动机，在没有欲望的情况下主动寻找性刺激，也有时候容易接受性刺激并乐意激发性欲。所有这些表现都是正常的。

各种因素的集合——艾米和马克

艾米觉得自己性欲低下，经常觉得自己达不到每周三次的性爱标准。她很少考虑与马克做爱，但是大约每过两个月，她就会出现这样的念头，并向马克发送自己想做爱的信号（比如裸着上床），而他通常会做出回应。当她这样做时，他们的性生活十分令人满意，事后她常常想："那种感觉太棒了，我们应该经常这么做。"

而在其他时候，如果马克吻了她，当然不只是停留在嘴唇的轻吻，她的第一反应是："哦不，他想要做爱，但我不想！我最好现在就屏蔽这个信号，这样他就不会有错误的想法了。"于是她穿得严实，上床睡觉，避免任何关于性爱的话题，主要是因为尴尬或想避免争吵。

正因为如此，他们在生活中获得的性刺激比以前少得多。他们不再热烈接吻，除非作为性爱的一部分，艾米也不再像以前那样，让马克睡醒时用手抚摸她的身体，因为她感觉到马克会越来越兴奋，这让她担心。马克意识到了这一点，不再这样抚摸艾米，也不再倾诉内心的喜爱，因为艾米的反应是回避的。

艾米和马克的孩子年幼，因此他们一直很劳累。等把孩子们哄上床睡觉，收拾干净，做好晚饭，为第二天做好一切准备后，他们已经疲惫不堪，非常渴望入睡。如果他们确实在这段时间做爱，艾米会发现自己被"明天孩子们的事都准备好了吗"或"我六个小时后就要起床了"这些念头分散注意力，这让她很难体验到太多的性兴奋和欲望。有时候艾米仍然很乐意做爱，更多的是为了让马克开心，而不是为自己（而且她觉得在马克兴奋时拒绝他是不厚道的），但这些敷衍的性爱对于她而言缺乏乐趣。马克达到高潮后他们就睡觉，而不会谈论艾米的快乐或满足感。

艾米注意到，每隔一段时间，当电视上出现性爱场景时，或当她在读一本有激情性爱片段的书时，她都会真切地感到性器官兴奋了。她觉得，问题在于很难与马克一起将其转化为行动，因为她有时不知道该怎么说，或者这些感觉刚好在孩子醒着或她独自一人的时候产生，因此没有机会告诉马克。有时她会选择自慰而不是亲近马克，要么是因为这样做更方便快捷，要么是因为没有取悦他的压力，更能保障她的快乐。

随着时间的流逝，他们之间的性生活频率逐渐减少，这成了一个令人不快的话题。他们做爱的次数越少，性爱开始时就越尴尬，顺利进行的压力也越大，通常更重视马克的快乐和喜好，而不是艾米的。艾米开始逃避性刺激，随着做爱间隔越来越长，激情亲吻引发的性爱压力就越大。

在许多方面，艾米和马克都是非常典型的一对。我希望在这个例子中，你可以看见之前每一章中讨论过的各个方面，以及它们如何影响这对情侣的性生活。

你可以在艾米和马克的例子中看出以下哪几点？

★ 艾米的欲望体验有哪些是正常的？

★ 女性参与积极的性教育和早期学习，从而了解性爱和性别政治，并学会安抚他人。

★ 性高潮差异和女性性快感对性欲的影响。

★ 对性爱应当如何假想，男性的欲望，以及关于性爱应当怎样的性剧本。

★ 他们的性动机及其重要性。

★ 关于自发性行为是否容易，以及一周做爱三次的社会神话。

★ 关系动态和性交流、性发起、孕育孩子、性爱货币、优先权和时间。

★ 注意力分散和消极思想的影响。

★ 无用的标签。

★ 学习和激励在性爱中的作用。

★ 性爱货币的减少。

★ 接近或回避的性动机。

★ 可预测性、新颖性和压力。

那么艾米和马克能做什么呢？

实际上，艾米和马克可以根据上面提到的任何一点，或者我们在本书中讨论过的任何一个因素做出改变。就像我在本书的开头提到的，对于一些情侣来说，一个重大的改变可能来自对事物的不同理解，以及对一些事情做出调整，比如，理解激发欲望的概念，并增加性爱货币。对另一些情侣来说，则要在几个方面做出改变，他们可能需要打破恋爱习惯，找到一种更适合自己欲望的新方式。在治疗中，我可能会以系统的方式对每个被定义的领域进行分析，并确保情侣们能通过这种方式迅速看到变化，以帮助他们保持用不同方式做爱的动力。为了改善艾米和马克的性生活，让我们将巴森的模型作为一个框架，指出他们的性生活中有哪些地方需要改变。在本章的最后，我建议你对自己进行类似的反思，看看能否做出一些有益的改变。在第三部分中，我们将深入分析这些想法。

更进一步

艾米对性欲的新理解意味着她很可能更容易接受或寻求性刺激，特别要注意的是，她需要情感上的亲密感为基础（因此，反思二人关系的发展方式将大有帮助），还要确信这种接受性刺激的能力不会总是被定义为性爱"绿灯"。

作为一对情侣，他们可以重现艾米喜欢的事情并从中受益，但艾米担忧类似的事情会越来越多，因此不让马克这么做。这类事情可能是激吻、按摩，让马克早晨在床上抚摸她，或者在她不想做爱的时候穿着很少的衣服上床。这将改变他们之间的性爱货币。

实际上，在治疗方面，我建议他们花几个星期来完成"性爱货币超载"练习（第5章末尾），可以直观地看到在没有压力的情况下，丰富的性刺激会对欲望产生什么影响。这样的练习使情侣有机会通过调情的方式重新认识对方，恢复并加强性伴侣关系，建立更多性联系，创造更多激发性欲的机会。再次强调，为使其真正发挥作用，马克需要全心投入这些没有固定方向限制的事情，这样才不会产生压力，也不会对其中一人应当感受到性欲过于期待。许多情侣发现，即使没有性生活，这种微妙的改变也能提高性满足感，比如马克做爱的原因之一就是对被需要感到渴望，这也是他如此担心艾米回避的原因。想象一下，如果艾米一整天都在与马克调情，或者发送挑逗性的短信，这会让马克有什么感觉。

艾米和马克可以试着在没有孩子的时候相处，延长二人世界的时间，以此产生真正的情感和身体联系。如果不能雇保姆，也不必跑到家外面，比如为彼此做一顿晚饭，不看电视专心聊天，一起洗个澡，或者提早上床睡觉然后躲在被窝里聊天。如果他们可以花一些时间进行自我拓展的活动，例如一起学习新技能、尝试一项新运动、去一些有趣的地方，这样效果会更好。如果想要激发性欲，为亲密的身体接触创造空间也非常重要，他们可能会亲吻、裸躺在床上聊天，或者每隔两周在晚上给对方按摩一次。请记住，性唤起和性欲都是需要被激发的，如果生理刺激或性欲的触发因素不够多，单单花时间在一起可能不足以激发欲望。

最后，马克和艾米需要将性爱列入优先考虑的事项，安排固定的时间和场地，创造更多的触发因素，同时不因欲望多寡而承受压力。经常有人问我如何看待长期关系中规划性爱日程的行为，我的答案是这并非一个好主意，因为它会产生压力，迫使人们必须去感受或做某事。但是，为了身体亲密感而做出相关规划却是个不错的方法，因为这本身就让人享受，并使这种亲密感处于较为优先的位置，为激发性欲提供了理想环境。

艾米希望增加对身体的自信感，为了做到这一点，她会回避那些描绘不真实或者"完美"形体的媒体内容，也可能去找更大范围减压的方法。他们二人平时都很劳累，于是发现如果真的只有在床上可以亲密接触，那么提前30分钟上床，或许可以减少疲劳感。更好的情况下，只要孩子们入睡，他们就可以这样待在一起，不必非得等到晚上。艾米与分心和消极的想法做斗争，这是他们目前性生活的一大特点。性生活之外的正念练习可以使她受益，最终将其运用到性爱之中，在整体上减轻压力感。

艾米承担着家务劳动和家庭管理工作的所有负担，双方并没有就这一话题进行讨论并达成一致。他们其实可以平分这些事务，这样艾米就不会在上床睡觉时还要担心第二天要为孩子们做的事情，而且知道没有人为她分担，马克很有必要知道这阻碍了她的性欲产生。在这些方面，我们需要弄清楚性别分工对于男性和女性有不同的要求。

理想情况下，艾米应抱有这样的想法：马克比她更喜欢性生活，并且无法接受普遍低回报的性行为现状。在性生活中，艾米从来不自信地要求马克满足她的欲望，而现在，至关重要的恰恰是她是否享受性爱。马克可以让她轻松达到高潮吗？他知道如何做吗？在这种情况下，艾米需要教他，马克需要用心学习。在性爱中平等顾及双方的快感将使他们受益匪浅，而不总是按照既定且可预测的方式，以插入式性交结束性爱。重要的是关注多变和新颖在性表达中的作用，此外还需考虑性爱表现，以及不同性爱类型的表达自由。

有时艾米出于逃避目的而做爱，也就是为了避免冲突，而不是出于欲望，甚至不是为了让马克感到快乐。如果不再将这些作为性爱的理由，艾米的长期性欲将有很大改善。如果马克想和艾米发生性关系，而艾米却不愿看到自己能否被性唤醒，那么他们可以多谈谈马克当天的性动机，以及是否有其他方法达到目的。如果马克感到不安，艾米也可以利用这个机会安抚他。

在继续之前，我希望你可以看到，在艾米和马克对性欲了解加深后，可以通过很多方法来扭转局面。多年来我曾帮助数百对情侣改变他们的性生活，都是通过先增进理解，再进行实质性改变的方式。任何方面的小改动都会产生积极影响，而随着时间的推移，性生活中的少数变化（如上文所述）会逐渐演化为巨变。

你现在处于哪一阶段？在进入第三部分之前，请考虑以下几点：

★ 在阅读这本书之前，你在多大程度上相信自己应该感到自发的性欲（可以用百分比进行打分，100%表示完全相信）？

★ 这种观念对你接受性刺激的意愿有多大影响，正如事例中的那些女性一样？

★ 为避免伴侣出现"错误想法"，你做过/不做哪些事情？

★ 随着时间的推移，你的伴侣不再做哪些事情了？

★ 如果你更愿意唤起欲望，这对性生活会有什么影响？（注意：如果你打算这样做，那么和你的伴侣进行一次讨论，谈谈无压力对性生活的重要性。）

我希望在阅读本章后，你对性欲运作机制有一个全新的理解，也希望你能明白性生活中欲望的激发或抑制方式。

一般来说，在我们想要做出改变的大多数领域，首先了解发生了什么，然后制订计划，消灭让我们停滞不前的东西，这个方法非常有效，对性欲也不例外。对一些人来说，简单了解性欲运作机制就可以快速解决问题，因为他们知道自己的情况很正常，只需了解自身需求就能缓解压力或积极应对。对其他人来说，还需要制订一个计划来摆脱以往糟糕的模式，就像上文中艾米和马克所做的那样，这样才能提高性生活质量。

如果你感兴趣，那么建立个人性欲特征的视觉图像会很有帮助，其中囊括目前为止你从阅读中获得的各种想法。关键特征包括：性生活史、社会信息、关系背景、个人想法，以及在这一章中提到的循环模型的各方面，如接受能力、性刺激、性欲障碍、积极或消极回报的影响。这样做可以帮助你确定如何在性生活中做出积极改变，这时你就会明白自己的性生活还有提升空间（就像我们大多数人一样）。

毫无疑问，我们与性的关系各不相同，这基于迄今为止独特的个人历史、背景和生活经历，这些都对性欲有影响。确实，这些经历会在我们的思想和人际关系中有意无意地发挥作用，但不止如此。欲望是一种流动的实体，基于我们对它的培养方式，欲望形成或消失于我们和伴侣相处的每一天、每一秒之中。按照以往的经验基础，认为我们和伴侣的欲望是固定、静态且不易改变的，这是得到长期性满足的第一个障碍，因为这让我们觉得自己对此无能为力且无法摆脱。以这种方式构建起的性欲，不仅使我们无法按照自己的意愿引导性生活，也扼杀了我们了解性欲"实际运作机制"的好奇心。

本章要点

● 在长期的关系中，女性的性欲更多是反应性的，而不是自发的。

● 在接受性刺激之前先等待性欲产生，例如触摸、亲吻或赤裸相待，那么随着时间的流逝，性接触可能会越来越少。

● 社会透露的信息恰恰相反（主要基于过时的且以男性为中心的性反应模型），这让我们感到难过，我们想知道自己和性关系出了什么问题。

● 我们的伴侣也想知道答案，他们可能会思考其原因，或者将其评估为个人问题。

● 这在最坏的情况下会导致冲突，最好的情况也会导致尴尬，并使性成为"房间里的大象"或恋爱关系中的痛处。

● 为了避免冲突，我们会尽量不引发伴侣错误的想法，减少对性刺激的接受，或者通过口头或非口头暗示"不感兴趣"来阻止伴侣更进一步。

● 女性的性欲很容易被激发，但我们无法从中受益，因为上面这些方式扼杀了欲望。

● 接吻、抚摸和其他调情行为越发不受重视，情侣双方无法同步激发对方的性欲，或者在最初几年中被视为性刺激的事情如今变得稀少，以至于我们会对此感到陌生和奇怪。这就像在两个人身上挂着霓虹招牌，上面写着"性爱在议程上"（当然，只是推迟进行）。

● 我们对欲望的产生备感压力，就像将要在周末外出，这就像一个心理障碍，自相矛盾，从而抑制了性欲。

　　● 关键在于理解性欲的运行机制，并基于此找出激发性欲的方法。

反思——性刺激，强烈与否？

以艾米为参考，尝试列举出伴侣做的不一定奏效的事情、有用且你希望继续保持的事情，以及那些你从未提过但渴望伴侣能在未来尝试的事情。诚实是好的，但是请谨慎表述那些可能被认为是"打标签"的事情——那可能让人与"不够出色"相联系。例如，艾米本会对马克说："我无法忍受你突然抓住我的胸部，这太可怕了！"相反，她可能会说："我有时觉得像乳房这样的敏感区域并非开始触摸的最佳之处——这里被摸得太多了！我很喜欢你抚摸我的肩膀和脖子。"如果你们在一起很久了，而且从未讨论过这些事情，请注意，突然知道这些可能相当痛苦，因为这表示你并不喜欢伴侣多年来一直在做的事情。

你可以把这项工作解释给伴侣听，并让他列出自己的清单，这也能给你一些启发，如此将会事半功倍。

花时间在一起分享彼此的清单，并记住以下原则：

★ 认真倾听；

★ 不嘲笑对方；

★ 尝试回避关于性的日常争论；

★ 注意言语，用词温和。

尝试——激发性欲的实验

　　该实验只使用了循环模型，旨在观察你对自己身体的了解情况。花一些时间，独自一人选择一部有性爱内容的电影、书籍、音频或令你觉得享受的色情视频。留意身体的感觉，尤其是生殖器的感受。如果你没有注意到，问问自己——你正在观看/阅读的内容唤醒还是熄灭了性欲？如果内容令人神往，但你却没有注意到任何感觉，是否存在特定的心理、情境或生理障碍（例如疲劳、压力、担心被打断、对让你兴奋的事情感到羞耻等）？多进行几次这个实验，你可能会感受到生殖器被唤醒，这会转变成心理上的欲望。你会得到下列问题的答案：在性生活中你更需要什么？循环模型在多大程度上适合你？如果你在日常生活中创造更多这样的触发条件，或者不时花些时间进行一些想象，又会发生什么？

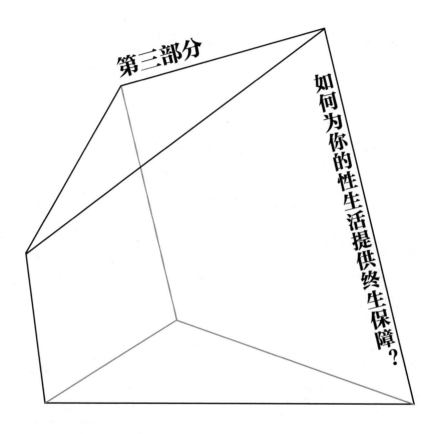

第三部分

如何为你的性生活提供终生保障？

第8章

接下来是什么？

在第一部分中，我阐述了女性的性行为在历史、文化、政治和科学背景下的处境。我们了解了自己的偏好和生理结构的重要性，并反思目前在性生活中存在的所有问题，以及对性的理解如何抑制或扭曲了女性的性欲。

在第二部分中，我介绍了社会对女性性行为的影响，以及教会女性更广泛地了解自己的身体及她们在社会中的位置所产生的影响。我们研究了两性关系动态、交流、性的意义，以及大脑对历史、思想和注意力的处理，所有这些都产生了不小的影响。我们了解性欲的模型，发现女性会更恰当地将自己的欲望概念化，而这些模型以性科学为基础，为很多女性的经历做了更准确的解释，她们待在家里，等待着某种不大可能出现的东西。

到目前为止，我希望你能感觉到，这些内容已经把你和你的性经历以一种前所未有的方式联系起来了。这本书写作伊始，我希望所有女性都能读到它，因为我的诊所里有很多女性认为自己存在问题，但实际上并非如此。有些女性和情侣感到无力解决与性有关的矛盾，即使他们的恋爱关系在其他方面很牢固。多年来，我一直在想象，这些信息的影响将会更加广泛且深远，体现在人们的生活满意度、人际关系以及性生活等方面。在这本书的最后一部分，我的目标是鼓励你向前，希望你能够根据所学内容做出改变，按照自己的想法引导性生活的发展，而不是让其误入歧途。

变化是怎样发生的？

变化可以通过多种方式发生。学习那些新知识可能是你唯一需要做出的改变，学习可以指导你性生活的重要方法，对于提高性满意度能起到事半功倍的作用。对于一些人及其性关系而言，微小的变化也会产生深远的影响。此外，也许你对事物的看法有所不同，但是在真正感觉到自己的改变之前，还有更多的工作需要完成。如果你发现自己陷入了前文提到的毫无用处的习惯中，那么就要努力了，你所完成的练习会起到推动作用，帮助你做出改变，使事情朝着另一个方向发展。

在本章中，我将帮助你思考如何将这项计划付诸实践，以及如何让其他人认同你的想法。当然，性通常不仅仅涉及一个人，有时其他人与我们的观念或理解的变化并不同步；如果其他人不在同一层面上，那么他们将无法融入我们的性革命浪潮。

让伴侣参与进来

对于伴侣，最简单的方法就是让他们阅读这本书，或者至少请他们阅读对你最有意义或影响最大的部分。如果他们没有阅读，或者读了之后仍然持谨慎态度，你可以参考以下这些建议，找到方法让他们参与进来。

（1）陈述你做出的改变可能带来的影响。

（2）谈一谈你觉得这会对你/对方/你们的关系产生什么影响。

（3）可以想象，让他们听到与自己迄今为止对性生活的了解相矛盾的事实和想法，一定是件困难的事，尤其是因为当前的信息对他们原有的观点很有利（需要一定技巧才能很好地传达这一点，且不让对方感到讽刺的意味）。

（4）表明态度。尽管你的性爱想法或方式的改变可能会让他们觉得偏离了自己的喜好，但实际上这对双方都有利，因为随着时间的流逝，你们的性生活将会得到改善。

（5）告诉他们不必全然相信本书中的内容或你所说的事情，而只需要同意暂时不去进行判断，以便进行进一步的尝试，目的是收集证据来证明其有效性。

这是一个杰米莉娅和亚当之间的交流示例。

杰米莉娅：嘿！我一直想给你介绍我正在读的这本书，其内容涉及性和女性的性生活。女性的性生活一直不被重视，人们的焦点都在男性身上，这让人颇为惊讶。你知道，这都是因为父权制，而且事实上，尽管英国有成千上万的女性感觉自己的性欲出了问题，但她们的性欲实际上并没有什么问题，导致这种情况的是她们进行性生活的方式以及了解性欲的方式。我真的在为我们的性生活考虑，我们应该做些不同的事情。

亚当：我们的性生活有什么问题？

杰米莉娅：好吧，没什么大不了的。你觉得我们的性爱很棒，但我知道你总是觉得自己比我更渴望它，而且我总是有压力，迫使我去喜欢它。我认为我们的性生活还有改善的空间，这么说你能懂吗？

亚当：嗯……我以前从未听过你这么说……

杰米莉娅：老实说，我从没说过什么，因为我一直认为是自己出了点问题，因为在每一段恋爱关系中，我在头几个月或头几年都对性生活很有兴趣，然后就开始厌倦。我时刻担心自己的性爱表现，家人讨论性时我觉得它非常肮脏，而自从读完这本书，我一直在思考这会产生什么样的影响。但是现在我发现这种性欲的体验是正常的，而我，我们，可以改变现状。我认为那会很棒，不是吗？

亚当：老实说，我认为这没什么大不了的，但我想这是我们吵得最多的事。

杰米莉娅：是的。好像性生活于我而言是一种责任，我被迫参与进去，我们二人都倍感压力且颇为恼火。我一直在想，摆脱了这种恶性循环，或许一切都会有所不同，我们可能会感到更加平等和放松，也会更加亲密。我们将受益颇多。你知道吗，如果我对性想得更多、渴望更多，我会更喜欢它。这样，我的压力会得到释放，我们的关系也会因此更加牢固。

亚当：实际上，我也喜欢这样。我确实希望自己并不总是那个提出性爱的人，因为有时候我觉得你对我没有"性趣"，或者你不喜欢性生活。那本书讲了什么呢？

杰米莉娅：哦，你最好读一读这本书。事实上，女性的欲望更多是反应性的而非自发性的，它需要被触发，而非什么事都不做就自动生成。然而，我们期望性欲能自然出现（常常事与愿违），因此不会去尝试触发它。此外，传统意义上的男女性行为对女性来说并非最合适的，这会导致性生活带来的愉悦感非常之少。不得不提的是，性生活的最佳形式应当是多种多样的，并不总是以阴茎插入作为性交的"主要过程"以及结尾。

亚当：这听起来很疯狂，有点奇怪。

杰米莉娅：好吧……我不确定是否真的需你去相信它，事实上……我知道这一定很困难，因为我们都没有意识到，我们目前的性爱可能更倾向于你的偏好和身体构造，而不是我的，所以这听起来肯定不那么吸引你。但是，如果你愿意，我们的性地位可以更加平等，对此的争论也可以更少，也许你可以暂时摆脱先前的认知，将其视为一个实验，然后再决定你的看法。不过，你必须真正地去尝试，我一个人做不来，那样是行不通的，这是两个人的事。你觉得怎么样，我们要开始吗？

亚当：好的，我会暂时放下以前的想法。咱们试试吧。

杰米莉娅在与亚当的谈话中用到了前文提到的5条建议（如果亚当现在已经读了这本书，他可能意识到了这一点）。她避免了对当前性生活的严厉苛责，而是描述了一种截然不同的理想状态，同时她暂时不将重点放在改变亚当的观点上（因为社会剧本和规范在这方面力量很强），而只是要求他参与尝试不同的性爱方式。杰米莉娅只需要亚当的承诺，即努力成为一名积极的参与者，让他的想法随着新行为带来的改变而改变，而这种变化可能是永久性的。

在我的临床工作中，如果来访的是一对情侣，有时可能出现男性难以参与讨论、理解新观点的情况，于是一个小差距就出现了，女性恍然大悟，重获活力，因为她看到了尝试不同性爱方式可能产生的影响，受到激励而愿意采取行动。而男性则相反，他有时会觉得这种与性爱和性欲建立新联系的方法很难掌握，主要是因为这和以往经历不符（例如，他是一个自发性欲水平很高的人，而且深信自发性欲更好，更"正确"和"正常"）。可以公平地说，尽管他没有下意识抵抗，但将他脑海中的问题从"她有性欲障碍（这影响了我）"到"作为情侣，我们要创造新的性爱模式，让双方都有兴趣和成就感"可能是一项艰难的任务。毕竟，刚开始的时候他可能觉得自己没任何问题，只是为了帮助伴侣，而结束时却发现自己一直不知不觉地参与了制造问题与固化现状的过程，现在他也成了需要积极投入"工作"的人。我见过许多刚开始有抵触情绪的人，但他们都乐意尝试一些改变，以测试这些方法是否有用。而一旦他们投入该过程，便会感到启发良多、受益匪浅。

你会失去或得到什么？

在这一点上我认为，即使你决定不采取任何行动，花点时间考虑性生活的未来轨迹也可能是值得的。考虑一下现在的状况，你们在一起的时间，以及可能遇到的生活挑战（比如为人父母、生病、衰老和身体变化，未来和伴侣在一起的时间将比现在更长）。现在，根据你所学到的知识，想象一下5年、10年、20年后，你的性生活会是什么样子，考虑一下这些关于你的性生活现状（或未来轨迹）的问题：

★ 如果随着时间推移，我们当前所处的模式变得根深蒂固，那会怎样？

★ 如果想要长期保持性爱满意度，那对于我们来说，共同的快感、性冒险和性爱满足感有多重要？

★ 在过去15年里，我的性欲如何变化？我目前的性生活是否有良好基础，可以让它在接下来的15年中再次发展呢？或者相反，它会因习惯、期望和日常活动而降低质量吗？

★ 我们将如何面对生活巨变对性生活的影响？

★ 当需要时，我们将如何谈判来让双方都满意？

★ 如果发生了一些事情，导致我们不能维持现在的性爱方式，这将对恋爱关系满意度产生什么影响？

这些问题是你有效考虑性生活现状及其未来将发生何种变化的起点。性生活对所有人来说都是贯穿一生的旅程，随着身份、环境、视野和身体的变化而改变。性爱关系的环境需要为这种发展和适应留出空间，这样每个人才能随着年龄的增长而体验到更多的性爱满足感，而不是看着它渐渐减少。

专注于自己的性爱

既然性生活是一个终生之旅，那么值得注意的是，它是可控的。是的，到目前为止，受我们生活经历的影响（包括社会学习、羞耻之事、令人讨厌或有虐待倾向的性体验）可能已让我们陷入不如人意的现状之中，但从现在开始，我们有责任创造各种情境来增强性自信、促进性爱探索，改善自己与他人的性生活。前文已介绍过，我们与性自我的关系是我们如何与他人发生性爱的关键，而这种关系是我们可以直接控制的。

自慰的女性比不自慰的女性拥有更高的性爱满意度。自慰不仅可以帮助我们在不取悦他人的情况下探索个人喜好，还允许我们在私底下突破界限，开启丰富幻想或探索情色世界，并拥有积极有益的性体验，从而刺激性欲，提高性爱专注度。还有研究表明，自慰频繁的女性会表现出更强的协调性。

毫无疑问，自慰令人舒适，还帮助我们与性生活建立积极联系，但我们的性生活远不止于身体行为，以任何方式探索性自我都是有用的。无论是通过艺术、阅读、音乐、与朋友的交流，还是穿衣风格或跳舞方式——我们可以通过多种方式练习与性自我进行互动，从而增强对自己的身份和需求的信心。

性自信只是一个方面，但如果我们为它烦恼，那确实会影响我们与他人的性生活。众所周知，专注于发展自己的性自我和建立性自信对性欲的长期发展有好处。重要的是记住，我们正处于这一过程中，没有人能完全解决这个问题，或者总是感到非常自信。大多数人只需要找出建立或打击性自信的生活情境（在性爱、恋爱关系、人际关系、工作和社交媒体中），并留意它们是如何建立或消耗性自信的，然后采取相应措施。

★ 哪些情境可以增强你的性自信，现在对你有多大帮助？

★ 你认为需要做哪些事情来改善自己和他人的性生活呢？

★ 你现在不愿在性的哪些方面投入精力？

如果你发现一些事情会改变自己对性欲或性爱的看法，在恋爱关系之外的一些方面投入精力也有所帮助，那么可以考虑将它们纳入性生活长期投资的一部分。

成就最大化——你想要的性生活

最能（通过更新理解和共同的承诺）提高性生活质量的因素之一，就是对你想要的性生活有一个清晰的构想。这在性心理治疗中也是一样的，我从不会在没有明确的最终目的的情况下就与一个人或一对情侣开始合作。其理由有很多：明确目的可以为所有相关人员提供指示，了解实现目标所需的关键步骤；从谈论你理想中的性生活开始，创造一个共同的愿景，使你们彼此以及与计划之间的联系更加紧密；谈论理想性生活，而不是有问题的性生活，这就是心理学家所说的"无问题谈话"。它能带来希望和乐观，有益于你的性生活之旅，还能提供不可或缺且不同类型的性爱谈话。如果关于性爱的相同对话（例如"你总是这样做，你永远不会那样做"等）经常发生，你就可以预测会这样说话的人是谁、什么时候开始说、会说什么，而谁会变得被动和生气，还有令人不满的结论会以何种形式出现。事实上，治疗的重点就是用不同的方式谈论一些很熟悉的事情，对情侣来说尤其如此。毕竟，如果陈词滥调有用，人们就不会被它困扰。

我经常向客户解释，一个好的心理治疗师就像出租车司机。当你乘坐出租车时，他应该对你的去向没有任何意见，只是以最快速、有效的方式把你送到那里。在治疗中，人们善于解释自己不想去哪些地方，这很常见。他们会通过诸如"我只是不想再有这种感觉""我希望他不要继续这样""我不希望我们的性生活如此"告诉我他们的理想性生活是什么样子。但事实上，这些答案并没有为理想性生活的样子提供线索，这只是他们不想要的性生活。这相当于我坐上出租车，说："我不想去圣保罗大教堂，它让人讨厌。"一位不好的出租车司机就会说："那太好了。"于是就避开圣保罗大教堂，漫无目的地绕着伦敦转，希望最终会在正确的地方停车。效率稍微高一点的出租车司机可能会想："好吧，他不想去圣保罗大教堂，要不……带他去另一个大教堂？就威斯敏斯特大教堂吧。"他们也许将乘客带到一个相似的地点（这是体现出租车司机个人偏见的例子——他们猜想乘客想要去另一个大教堂，但这只是他们的观点，很可能是错的）。一位好的出租车司机会说："好的，我知道你不想去圣保罗大教堂，但是你真正想去哪里呢？"好的疗法有点像这样，但是问题是，受到媒体和社会习惯的影响，我们相信治疗就是谈论出了什么问题，而不是希望发生什么，因此为了避免替代性目的，我通常需要在早期阶段给予来访者很多鼓励，以便他们说出真正目的。

我特别喜欢在工作开始时，花时间与一位来访者或一对情侣谈话，不仅包括他们想要的性生活（以及适合他们的性生活），还包括理想性生活实现后，会对他们个人和恋爱关系有什么影响。这很有用，原因在于：第一，他们的目标通常是可以实现的，一次充满希望的谈话会让未来的性生活更令人满意，这很有帮助，特别是如果他们已经为此担忧了一段时间；第二，为什么这样的性生活对他们来说很重要，以及实现以后会有什么不同，这些问题会让我们了解真正重要的事情是什么及其原因。这才是工作的真正开端，因为这种谈论性爱的深度可能是前所未有的，通常人们对事物的抱怨都停留在同一层面，例如性生活频繁但结果不尽如人意。

让我们用这些观点来考虑如何最大限度地获得成功，从而实现自己想要的性生活。无论性生活令人绝望还是满意，只要花时间去优先考虑和呵护它，什么都不是问题。无论出现何种情况，按照下面这种方式进行对话都有所帮助。

选择最佳时机

谈论性爱的最佳时机是当你感到和伴侣有联系、很亲密、感到非常满意的时候。也可以从一个令人愤怒的事情开始，令人愤怒的事情或隔阂本身并不适合作为交谈的开端，但对于你们双方来说，公开且诚实地说出自己的感受并倾听别人的想法，可能会更具挑战性。有时人们会觉得在事情进展顺利的时候（例如度过了一个非常有趣的周末）提出一些你想要改变的方面是个坏主意，这会"搅乱局面"、破坏原本美好的时光。但重要的是记住，一段良好的谈话是非常积极的经历，即你们都觉得自己的意见被对方听到了，还分享了理想性生活的样子，这会让原本的幸福时光更加美好。同样，谈论自己想改变的事情并不意味着花一小时表达对当前性生活的憎恶，你可以花一个小时来谈论你喜欢却不曾拥有的理想性生活。后者给人的感觉通常比前一种更积极，即使本质上谈论的是同样的事情。

如何进行对话？

以下4个关键方面可以作为对话的指导原则。

（1）你欣赏或曾经欣赏的性生活方式，并表明自己的怀念/渴望。

（2）你觉得理想性生活建立在什么基础上，或你希望性生活怎么发展。

（3）如果实现了理想性生活，你认为这会对你或这段恋爱关系有什么影响。

（4）请伴侣发表观点并做出回应，认真倾听他的想法，真正了解他。

这是杰米莉娅和亚当谈话的另一个版本，与之前略有不同，清晰地表明了理想性生活的概念。谈话内容如下。

杰米莉娅：我一直在想我们的性生活，思考它最近有什么变化，想起了那些我们曾经喜欢、现在却不太喜欢的事情。比如，你还记得曾经我们因为有时间一起做爱而激动不已吗？你以前经常整天给我发短信，告诉我你有多喜欢我，还有你想做的所有事情，那是我以前很喜欢的相处方式。

亚当：哦，是的，我也很怀念这些。除了这个，还有那种把你深深放在心里的感觉，知道你也和我一样对爱情满怀期待，你迫不及待地想见到我的样子让我很怀念。

杰米莉娅：真的吗？哦，我没意识到这个……曾经我们在一起的时候，我常觉得你真的非常爱我，会花很多时间与我亲昵、接吻，抚摸我的全身。我们以前有更多时间真正享受性爱，我很怀念那种感觉，是因为现在我们好像不这样享受了吗？我想，自从我们住在一起后，再像以前那样相处是有点困难。我们没有机会思念对方，也没有机会为彼此见面感到兴奋，再加上我们常忙于其他事情，所以性生活会稍微靠后一些。

亚当：是的，你说得对。我也很怀念，我想我现在确实在性爱上太匆忙了，因为我觉得你不像以前那样对性爱感兴趣了，所以我想为了你缩短做爱时间，直接高潮。

杰米莉娅：哦，是吗？这太可笑了！如果我们能重温这些回忆就太好了，你不觉得吗？我知道现在生活情况不一样，我们不会总是做爱，但如果能有一个固定时间，例如每月一次，到时候可以安排一些事情，让彼此在一整天里都感到快乐。我想重新找回那种盼望、期待的感觉，这会让我更投入地享受性爱。或许也会让你感受到我的满足，相信我比以前更爱你吧？

亚当：是的，听起来不错。我只是没做过这些事，因为我想你会觉得我在骚扰你。如果你也这样想，那我很乐意，这样我就不会觉得一切都取决于我，而你只是附和我了。

杰米莉娅：那就这样做吧。这确实会给性生活带来一些刺激，让我们重新亲近彼此，我觉得这样也能帮助激发我的欲望。

想拥有理想中的性生活，问题和方法就在你和伴侣的相处模式里。从很多角度看，这既是性爱的诅咒，也是性爱的乐趣。到目前为止，我们已经在本书中谈到了你与性爱的所有联系方式，及其对性生活的影响。但如果你做了改变，却不让你的伴侣这么做，这将是一个巨大的疏漏。这样的对话越多，你们的性生活就越有可能带来满足、快乐和欲望，同时拥有更多成长、适应和扩展的空间。

本章要点

● 基于新理解所做出的改变，可以是从不同角度看待事物，也可以是采取不同的行为方式。

● 想要不同的行为方式发挥其最好效果，就要得到其他相关人员的理解和承诺。

● 做出某些改变是一种挑战，比如书中提到的与我们从小接受的性教育背道而驰这件事。

● 你的伴侣可能会觉得很难接受，只需要令其对改变性生活这一想法持开放态度，并不要求即刻全盘接受。

● 什么都不做也是一种做法，因为你的性生活已经陷入一个固定模式了，终究会有一个结果，无论你是否喜欢。

● 投入精力改善性生活是至关重要的一部分，远比自慰重要得多。

● 清楚了解彼此的理想性生活的样子，以及它会带来的影响，能帮助你们更易获得美好性爱。

第 9 章

让性生活终身幸福

　　鉴于本书目前为止所涵盖的内容，你的性生活（以及性欲）不会永远遵循固定的、可预测的轨迹模式，这不足为奇。这并不是说从现在开始，直到吐出最后一口气之前，你的性满足感不可能出现普遍"上升"的趋势——我相信它可以。但是正如我在书中所描述的那样，既使你通过明确的意图和针对性行动提高了性满意度，它也依然存在高峰低谷、潮起潮落。与此同时，你的自我、身体、心理、恋爱关系也会不断适应所面临的新环境与新挑战。正是对美好性生活的信念以及面对挑战时的回应和沟通方式，奠定了性生活的基础，并带来长期的性满足感。

　　在最后一章中，我们将考虑随着时间的推移，构成良好性生活的要素是什么，并弄清楚这对你意味着什么。我们需要思考可能导致这种潮起潮落的生活事件有哪些，以及如何去适应。我们还将通过研究报告，了解何种行为和品质有助于带来长期性满足感，如何方便、适宜地将其应用于自己的性生活。至关重要的是，对许多情侣而言，美好的性生活并非偶然降临，因此需要为终身幸福的性生活制订行动计划和策略。

美好的性生活意味着什么？

有时，人们在交谈中将"美好的性生活"作为性爱频率高的代名词，根据频率评估性生活质量是当前社会准则中存在的最大悖论之一。性爱频率无法提供关于联系、愉悦、多样、亲密、冒险、激情、表达或新颖性的任何信息，它只是告诉我们性生活正在发生。但目前为止我们了解到，如果性行为频繁发生，又缺乏情感或生理上的回报，那通常不仅是其本身的失败，随着时间的推移，还可能缓慢而持续地降低我们的性欲和性满足感。

那么，美好的性生活的定义是什么？好吧，其实没有人能给出定义，但是你可以，而我可以为你提供一些思路。你还记得本书开头提到的"良好性爱条件"吗，其中包括心理性兴奋、身体接触和专注度，它是如何真正享受性爱的重要指南。对你而言，美好的性生活的定义可能与频率无关，而与这些条件是否达成有关。我希望本书可以为你提供基本原理或充足信心，去寻找与坚持实现这些的条件，即使目前你仍因为一些基于社会信息的文化/宗教/性别限制而受到阻碍。

理解建立"良好性爱"对你意味着什么，或许也能了解性行为对你和你的恋爱关系的作用，并清楚自己的性爱初衷能否在此过程中得到满足。举例来说，如果你希望通过性爱拉近彼此距离，而你的伴侣却表现出冷漠，或一味沉迷于自己的快感，从而无法与你构建联系，这对你来说就不算"良好性爱"，即使从表面上看你的性爱需求得到了满足。希望你已经仔细思考了性爱在你的生活和恋爱关系中所起的作用，并且认识得比以往更深刻。重要的是，你可以通过交谈深入了解伴侣的性动机、性爱之于他的重要性及原因，这可能会为你提供完全不同的视角。

对你而言，"良好性爱"可能意味着改变恋爱关系中的性剧本，包括比以往更多的新颖性、多样性，以及非插入式性行为带来的乐趣。正如你所知，这样的改变不仅可以为女性带来更持久的愉悦感（这可以肯定），还能让性生活更加有趣，减少乏味，并使性欲不受时间流逝的影响。

最后，或许你觉得"良好性爱"意味着减少当前的性爱频率，但你依然可以通过其他方式（如使用性爱货币）与他人建立起性联系，并对此很有信心。如果这种性生活方式既满足你的需求，又能让你感觉到活力，那么可以考虑尝试哪怕一年一次的性生活。

我希望通过目前为止所讨论的内容，你能明确自己对"良好性爱"的定义，并考虑一下你的"良好性爱条件"三角形、关于性的社会观念和剧本带来的束缚、恋爱关系的更广泛层面、想摆脱的固有习惯、心理活动对性爱的影响、对快乐的重视以及对性欲如何运作的新发现。

性爱频率是否重要？建立联系是否重要？亲密？愉悦？多样？平等？激情？信任？探索？如果可以的话，请记录下目前生活中你对"良好性爱"的定义，越详细越好，如果你觉得可以，也请你的伴侣这么做。了解彼此心目中"美好的性生活"的关键部分，对长期保持性爱质量至关重要，它帮助你围绕着关键点安排自己的性生活，而非随意遵从社会认可的标准尺度（如性爱频率）。

长期"良好性爱"是否有科学依据？

现在你已经清楚了自己的看法，下面看看对于长期关系中的性爱满足感，科学领域为我们提供了哪些信息。最近的突破性研究表明，认为自己拥有"良好性爱"的情侣往往具有某些品质，而且不一定是你所想的那些。了解这些信息可以帮助你培养这些品质，或者期待尝试类似行为，以了解它们可以为你带来什么改变。

一、响应性

"共同奉献"是用来描述当我们无私奉献却不期望得到回报的术语，而"共同力量"则用来描述我们满足伴侣需求的心理倾向。共同力量的基本原则是着重于满足伴侣的需求，而非追求个人利益。我们在自身能力/资源可及范围内满足对方需求（不是无理需求），并相信将来某天他们也会满足我们的需求。艾米·缪斯和同事们将性方面的共同力量定义为基于伴侣的性欲和偏好（是否发生及如何发生性行为）接受其性需求的能力，而不是指这些行为可能为他们带来的影响。这类事情诸如，在不是很想做爱时同意性爱（此处有一定的限制条件。在双方知情的情况下，反复经历自愿度不高的性行为无助于长期性欲的维持。在性共同力量的语境中，不是很想做爱却同意性爱的情况，是指性中立但仍愿意时不时进行性爱，其动机在于响应性欲望和愉悦感可能随之而来的想法，而非出于回避目的，如为了避免争吵）、试图了解伴侣感兴趣的事情，或了解伴侣为何没有性爱欲望等。研究发现，认为自己在长期恋爱关系中拥有优质性爱的情侣，其性满足感和欲望也更高。当然，性共同力量也会因性别平等程度而产生有趣的细微差别。例如，当一个性别剧本规定了哪一方的愉悦感应当被看作天赋，并认为男性愉悦感应当优先权衡时，这种响应性该如何发挥呢？

对于我们所有人来说，考虑自己对伴侣的性需求和性欲有多少共情，以及我们是否准备有时将伴侣的性需求置于自身之前，这样可能为性欲与性满足感带来什么积极改变，都十分有用。过度执着于自己的需求、欲望和喜好，将其与他人的对立起来，或者个人性权利意识过于强烈（也被称为"性自恋"），都会在恋爱关系中对双方的性满足感和性期望产生负面影响。

二、责任心

研究人员也曾在性领域之外探索个人性格在恋爱关系中对性满足感的普遍影响。《性研究杂志》（*The Journal of Sex Research*）发表的一项研究中有个颇为吸引人的发现，即预期性满足感更高的人，其拥有的性格特质之一就是尽职尽责。

责任心通常指善于计划、注重细节、有条理和为人可靠。或许在"大五人格"中（"Big-Five"，通常用作定义人格的构架，另外四个是开放性、外倾性、宜人性和神经质），你并不觉得责任心与更好的性爱相关，也许在读这本书之前是这样。这似乎令人惊讶，毕竟我们的社会常将良好性爱的要点放在自发性和激情上面，但事实上，尽职尽责确实对性生活很有益处。因为有责任心的人更可能计划亲密时间、考虑伴侣的需求、努力取悦并记住伴侣喜欢什么、花时间考虑背景环境以及克服面临的障碍。所有这些内容都对维持长期欲望有所帮助，尤其有助于建立情感和身体上的亲密关系。

三、自我拓展活动

另一项有影响力的重要研究让我们更加了解自己如何花时间和伴侣相处，以及这对性满足感和性欲的影响。

研究表明，参与令人兴奋或具有挑战性活动的情侣会重拾早期关系中彼此渴望的感觉，缪斯和她的同事们试图探究这对性欲产生的影响。

他们发现，给自己或性爱之外的恋爱活动带来新鲜事物和进行自我拓展会产生很大影响，如果情侣们花更多时间各自或一同进行新奇有趣、有挑战性的活动，就会看到性生活发生改善。尝试这些行为（而非像往常一样只是待在一起）的情侣比其他情侣更有可能感受到性欲，并发生性行为。

拓展活动包括一起旅行、学习跳舞、一起学习新技能或进行某种挑战，例如从头开始做一顿饭或攀岩。这些经历反映了一些早期的关系动态，那时情侣们还在互相学习，一起体验新奇事物。其背后的基本原理是，拓展活动为亲密关系带来了变化，让他们在一个平日十分熟悉的伴侣身上有了新的发现，这可以重新激发性欲。

这项研究中值得注意的是，并不是情侣在一起度过的时间激发了更强的性欲和更多性行为，而是他们如何共度时光的方式。那些找到方法让彼此"兴奋、激发性欲和构建性联系"的情侣，可能已经创造了一些情境了解自己或伴侣身上的新特质，创造了一些条件来营造新颖、陌生感和新鲜感的氛围，就像恋爱最初那几个月一样，以便燃起欲望之火。该研究还有另一个重要发现：性伴侣在一起的时间越长，或者相处时间越少（比如初为父母的人），类似的拓展活动对性生活的影响就越大。

这对长期性关系意味着什么呢？这意味着，如果我们想保持性生活热度，那么也许是时候优先腾出时间来进行真正的交流了，通过探索性爱和有意义的交谈，发现彼此身上的新特质——不仅仅关于午餐吃了什么，或者谁站在复印机前说了句什么。对我们中的一些人来说，它可能只是简单地彼此凝视，或者在一个新的环境中相处，比如看我们的伴侣在聚会上招待新邻居；它也可能是一起计划冒险旅行、尝试一些令人兴奋的新事物，或者学习一些新东西。其准则在于，一起做些新奇、刺激的事情（可能需要思考和规划），但它能在很大程度上改善性生活。

我们对性欲和性满足感的体验是复杂的，而且有许多因素使它变得更复杂（我们的身体状况、个人与性爱和社会文化环境的关系），但是这样的研究依然具有现实价值，它让我们明白能采取哪些可行措施来改善情况、保障未来的性生活幸福。

如何应对性爱状态不佳

在本章前面我曾提到，在一生中，我们的身体、思想、人际关系和环境都会发生变化，这些都会影响性生活，有时我们需要暂时停止性生活或改变其方式，甚至重新思考性爱到底应该是什么样子。这些变化是正常现象，不必为此担心，事实上它还为我们提供了创新和校准的机会。

生活变化的影响，如怀孕、生育孩子、健康状况、心理压力、身体变化、关系紧张、悲伤、焦虑、衰老、搬家等，都会给性爱和性欲带来挑战。这可能意味着暂时失去性爱动力、觉得它不令人满意或者完全被抛在日常事务之外，这同样是无须担心的正常现象。研究表明，了解性欲的起伏变化是预测长期性满意度的关键因素，而且认同这一观点本身就能为性欲降低筑起一道屏障。原因之一是如果我们将伴侣性欲低归咎于压力水平，而不是其自身或恋爱关系的某些方面，那么我们对伴侣性欲低下的解释就会改变，同时也更愿意努力让事情回到正轨。因此，要长期保持良好的性生活，你需要做的第一件事就是明白性生活状态会因这些事件而起伏不定，这在预料之中。这就是我们把性欲解释为一种敏感易变的动机，而非动力的原因，它有助于理解这些变化发生的意义，这与僵化的驱动力概念不同。我希望你读完这本书后会有不同的看法，明白正因为其本质，性欲必定随着你的生活和恋爱关系发展而起伏不定，持有这一观念对性生活很有好处。

这种正常的性欲起伏使得性爱货币更加重要。作为性伴侣，你们之间的关系不仅基于双方的性动机（感觉有吸引力、有亲密感），更是无论发生什么或者时间有限，你们都可以保持性联系。初为父母就是一个很好的例子，我们从研究中得知，大约90%的新父母在孩子出生后的第一年对性爱产生担忧，而且正如我在第6章中提到的，在养育孩子的最初几年，情侣的性爱满意度可能处于一生最低。养育孩子在各方面给性爱带来明显挑战（包括我们提到的疲劳等生理方面、家务增多、身体形象变化、情侣相处时间减少、压力、注意力分散等），因此有了小孩后，许多情侣就会在原有的性生活中遇到多种障碍，在某种程度上，双方都需要接受这种正常现象，明白自己无须担心，但在这个时期，他们也应该在没有（或较少）性行为的情况下找到保持性联系的方法。

重要的是，即使没有积极的性生活，也要建立一种性爱货币文化来维持性联系，以便在恰当时机更轻松地进行性活动。在性活动较少的时期，缺少性爱货币或性联系不仅意味着存在性爱中某些需求没有得到满足的风险，而且会让情侣产生重新开始性行为的尴尬。当我遇到因为这种情况来治疗的情侣时，他们常用感觉不到彼此性联系的方式描述其恋爱关系（例如男性会说"兄妹"关系，女性则是"姐妹"关系）。他们的意思是"我们已经很久没有做爱了，以至于一想到这个就觉得奇怪"，就是这种日常动态让性爱货币一直处于缺失状态。

考虑到增加性爱货币对维持良好性联系所起的作用，初为父母并不是唯一可以从中受益的人生阶段或过渡阶段，任何因时间限制或个人偏好而将性爱置于次要地位的时期都属于这种情况，包括工作压力大、搬家、因家庭需求而感到时间紧迫、健康状况不佳、更年期或照顾别人等。情侣们经常犯的错误是认为重点在性爱本身，因为生理释放更多是通过性交实现的，但是正如我们在第5章中谈到的那样，促使我们与他人发生性关系的原因很少是性爱本身，而是它能满足我们的需求，促使我们产生性欲。如果你还记得的话，这些需求可能与亲密感、兴奋感、亲密度、被需要感、想解决矛盾、展示魅力或"感觉活着"等有关。在性行为较少的时期，不管出于什么原因，以其他方式理解和满足这些需求，可以在性生活不佳时帮助维持关系。我们来看一下安娜和道格的例子，他们经历的重大生活事件影响了性生活。

安娜和道格已经相伴十五年，性欲望的差异给他们的关系带来了一些问题，因此向我咨询。过去几年里，安娜对性生活的渴望减少了，她认为一部分原因是更年期的早期症状表现，她也注意到情绪和睡眠状况的变化，这让她感觉不像自己，另一部分原因是她正在照顾最近被确诊癌症的妹妹。安娜觉得性是她最不愿考虑的事情，也不愿接受与道格之间的性行为，这体现为他们之间的性刺激减少，有时安娜感觉道格的性要求很烦人并且想避开。我们的交谈开始后，对于道格反复提出的性要求和关于性生活曾持续多久的"玩笑"，安娜表现得无动于衷，或者觉得有伤自尊。尽管她知道男人可能"为性疯狂"，但生活中发生了那么多事，她觉得这轻浮又失礼。

根据社会对男性欲望的看法（"男人总是想要做爱""男人需要生理释放"），安娜对道格的性动机做了一些符合社会规则的猜想，认为它并不重要，也对此并不关心。在治疗过程中，我们花了一些时间了解他们的性动机，以及性爱在其恋爱关系中的作用。事实上当道格想要与安娜亲近时，就会主动发起性行为，而且在她妹妹被诊断和生病过程中，他一心想着安娜可能也会生病，甚至越来越担心她会病逝。当安娜害怕刺激到他或"给他错误暗示"，因此限制自己的感情时，他就比以往任何时候都更渴望与安娜亲近。安娜听到道格的真实感受时很吃惊，在了解性爱对道格的意义后，她彻底改变了自己的看法。无论道格表示自己多么想念性爱的感觉，还是提出想要做爱，安娜都会做出回应。道格向安娜保证，身体上的亲密——不管是否有关性爱——都会让他感觉好一些。安娜很高兴这种感觉的回归，因为她有了新的理解。他们发现，安娜对道格的性动机有了新的理解，将她根深蒂固的观念从"他只想满足身体上的冲动"转变为"他很喜欢我，也很担心我们的未来"，实际上这使得他们的性联系重新建立起来，因为在面对死亡的压力时，性爱确实具有鼓舞人心的重要意义。

对于所有希望维持良好性生活的情侣而言，尽管他们会面临各种挑战，这一点毋庸置疑：有必要确切了解"性爱"中缺少的东西，并找到其他方法来满足这些需求，直到事态回归平稳。

如何应对需求变化

在我们的一生中，性行为不会一成不变，性自信、喜欢或讨厌的事物、个人偏好、能激发性欲的情色片、身体机能和感知身体的能力都在不断变化。当我们思考任何关于性活跃度的变化过程时，都应将这一点牢记在心。对于一些人来说，人生任一阶段的性爱问题都是性爱关系不能成功适应变化而直接导致的后果，而不是因为变化本身。对性行为是静态的假设可能会阻碍有益对话的进行，比如谈论希望性生活朝哪个方向发展、想如何改变做事的方式，或者身份的改变是否预示性爱的新可能性。例如，许多女性表示与伴侣相处的时间越长，她们对自己的身体形象就越不担心，随着年龄的增长，女性对性爱的主动程度会提高，因此性满意度也会提高。对于一些女性来说，这可能表现为一种崭新的性自信，并想让生活中的性表达更多样化。女性能在比男性更大的年龄达到"性高峰"，这样的神话本质上与性功能无关，而是一种意识，（不幸的是）女性可能需要数十年才能摆脱身体形象的束缚，认识到自己对性器官的不了解，拒绝接受性高潮差异而拥有性自信，并对自己所需的性爱方式提出要求。这种性自信和性满意度的提高是值得庆祝的，但是女性会发现，自己所处的恋爱关系不但需要抵挡变化带来的影响，也需要去适应它。

在性接触中产生新的偏好，或者突然产生新的兴趣从而想要尝试新事物，这些都是正常的。当恋爱关系文化与此相悖时，风险就来了，要么我们定义性爱的方式已经变得固定或可预测，所以没有改变的空间；要么我们已经习惯以固定模式玩性爱游戏；又或是我们没有培养性爱灵活多变的观念，所以提出改变太"出人意料"或者让人感觉是件大事。

我经常提到的一种方式是，情侣们在恋爱关系中应创造预测变化和不断发展的性爱文化，从而形成一种定期回顾和谈论性行为的习惯。以下是三个关键问题。

★ 在性生活中，有哪些好的方面是我们想继续保持的？

★ 在性生活中，有哪些事情是我们想做得更多的，如何避免可能遇到的障碍？

★ 我们可能希望在性生活中探索哪些新方向？我们想探索的是什么？想更多地了解哪方面的信息，是一起尝试还是各自行动？

有规律地进行这种谈话或养成这种习惯是很有用的，要与其他日期或事件联系起来进行对话，例如将其作为新年"愿望"对话的一部分，或与周年纪念有关，或者作为每年夏季假期的一项惯例。建立一种与性爱有关、聚焦于未来的对话，能有效避免只在出现问题时才谈论性爱的尴尬，因为那往往是最难做出反应的时候。这也可能意味着关于性爱的对话会变得更加积极，基于这种未雨绸缪的讨论性质改变性爱需求和欲望，则更易解决性爱问题。

除了改变喜好、品位和性别认同外，在我们的一生中，身体也会发生变化。我们经常认为身体机能和健康变化会对性功能产生负面影响，但事实并非如此。

实际上，由于生理变化而被迫改变性生活，从很多方面来说都是一个绝好的机会。它让我们可以摆脱社会支配下可预测的性剧本和性习惯。此外，随着时间的推移，我们也很容易与同一人陷入常规性生活状态。这些变化让我们有机会体验新鲜感、改变生活方式，或者重新诠释性爱的意义。在我看来，就其对恢复性表达和性满足的潜在影响而言，生活挑战没有得到应有的重视。

以怀孕为例。怀孕是一个生理、心理和恋爱关系剧烈转变的时期，也是性功能发生变化的时期。性欲可能增加或减少，对插入式性行为的接受度也或高或低，性高潮的触发、强度或感觉都可能改变，但如果我们愿意，这些经历可以带来愉悦感、多样化性表达和对性欲的新体验。否则，性爱则可能出现问题（这在怀孕期间很常见）。对于那些只以"男上女下"体位做爱的情侣来说，从妊娠中期开始适应全新的、不会对腹部造成压力的性交体位是一个挑战。同样，如果你的性生活频率已经很低，那么适应一种新的、不喜欢的插入式性行为可能很困难。但是，对于一部分人来说，怀孕期间进行性爱实验可能会促使新的性爱偏好出现，而这种新偏好在其他情况下是不会被发现的。在身体变化的时候必须进行交流和适应，为性生活打开了新大门，否则它可能会一直关闭。同样，这也适用于与衰老和健康有关的性功能变化，比如生殖器敏感性因年龄增长下降，健康状况不佳造成的勃起障碍或性能力改变。和性生活的其他方面一样，决定未来性生活满意度的是我们应对这些挑战的方式，而不是挑战本身。

要注意的是，更年期可能对一些女性的性欲产生负面影响，这可以作为一个很好的例子，来说明我们的性生活可能需要暂时或持续地适应不断变化的需求。更年期对生理和心理的影响，如潮热、睡眠困难、阴道干涩、性交疼痛和情绪低落等症状都被很好地记录了下来，并且性欲出于一些显而易见的原因而降低。当感觉自己像在烤炉里、浑身是汗时，谁还想别人来碰她们？如果在过去的15年里只体验过插入式性交，而如今这种性交方式变得令人痛苦，谁还想继续和伴侣保持性生活呢？但有一个好消息，并不是每个人都会这样，而且对于许多不必考虑避孕或经期的女性而言，这反而带来了一种新的性自由感。还有一个好消息是，研究表明绝经前的性生活质量以及对伴侣的感觉，比体内雌激素水平更能预测绝经后的性生活。仔细想想，这是有道理的，因为荷尔蒙对性兴奋和激发欲望的过程至关重要，但是由于性欲在很大程度上与心理、恋爱关系和社会有关，因此这些方面都是性欲产生的关键。如果把可能同时发生的其他生活变化加进来，比如需要照顾年迈的父母、被其他人视为"性冷淡"的经历、处于长期的恋爱关系中，以及与自己年龄相近的伴侣出现性问题的概率增加，就会看到这些因素如何造成欲望变化。更年期是女性身体发生变化的时期，会带来性爱和欲望的变化，但重点是知道针对这些症状存在有效的物理疗法，例如激素替代疗法（HRT）、局部注射雌激素和使用阴道保湿剂和润滑剂，可以真正缓解症状。研究告诉我们，许多中年人或老年人不愿意与医生或保健人员谈论他们的性生活，这是不幸的，是年龄歧视（和错误的）观念影响的副产品，这些观念认为人们在中年及之后的生活中将不但没有性生活，还面临着不谈论性生活的挑战。如果你遇到了这些情况，请与专业人士谈谈，以便在过渡期间获得有力支持。

性爱是否被优先安排？

对一些人来说，在一段恋爱关系中，性爱是最重要的，或者说是最重要的事情之一，但对其他人而言不是这样的。持有这种观点的原因可能是你自己觉得性爱很重要，而你的行为就是你如何看待性爱的表现方式，也可能是社会告诉你性爱很重要，实际上性爱对于你而言并不是什么大事。研究表明，无论是哪种，对许多情侣来说，性满意度高无疑对恋爱关系满意度大有裨益，即使性爱不是最重要的事情。

我认为，如果觉得性爱很重要，就应该通过有目的、有意识的行动，将性爱作为优先考虑的事情。社会大众将性爱和欲望被定义为"不需要准备工作"和"应该自然产生"的事情，这完全阻碍了优先采取行动的可能。如果你在饮食和锻炼方面没有采取针对性行动，就无法保持健康，性爱也与此类似，只是可能更具挑战性，因为它涉及理解、沟通和对他人行为的承诺。因此，想了解需要做什么、该如何选择，就必须改变心态。

我们过着忙碌的生活，不断地做着选择题，思考如何利用时间。目前为止可能存在的问题是，我们没有将性爱看作一件需要花时间去做的事情。也许我们现在已经确定了许多理由和方法，考虑提高其优先地位，但依然不得不考虑牺牲或改变其他常规事物，使之成为可能。

毕竟无法确定我们中有多少人经常无所事事地坐着，拥有空闲的时间，所以这些关于优先排序的决定虽然艰难，但通常有妥协的余地。例如，一对情侣很难腾出时间进行自我拓展活动，尤其是在需要照顾小孩且没钱请保姆的情况下，但也可以承诺每个月进行一次此类活动。如果这也无法保证，那么你就得把每周看电视的一晚上用于和伴侣体验新鲜事物，或者做些其他事情，买一些颜料，试着为彼此画肖像；尝试一起做复杂的菜；玩一局棋盘游戏；计划一个未来项目；谈论你们的希望和梦想。还有其他有用的改变，比如增加性爱货币，不必占用别人很多休闲时间，但是需要有意识地努力和思考。创造增加感情亲密度的时机，或者引起性欲的生理诱因，例如每周一天晚饭后早点上床睡觉，裸身躺在床上聊天，真正地交谈和倾听，这些事情都需要你优先安排，而与朋友相聚、刷微博、去健身房或做其他事情则要排在后面。

当然，这是你自己的决定。但我希望你能认识到，不采取行动以提高性爱优先级，事实上也是一种行动，只是另一种不同的行动方式。你的性生活是按照自己的轨迹进行的，你的问题在于有多大意愿控制它，而不在于看它朝哪个方向发展。

结　语

　　我希望你在阅读本书的过程中了解到，女性的性行为、性满足感和性欲在历史中的展现方式不利于女性性生活的蓬勃发展，而且"性欲低下"的问题并不存在于女性个体的心理或身体中。希望你理解，我们的社会和性别政治中存在许多关于女性性行为的无益论调，认识女性欲望的真相才能使我们自由。尽管女性因各种因素对性欲的反应很复杂，可能需要有意识地采取一些行动来激发，但目前为止你应该已经意识到，这一问题的影响远超我们视线所及的范围，它与社会、政治、文化和关系等背景的联系十分密切，而不只是一小段呈现在我们面前的媒体快讯。女性的欲望并不存在什么障碍，它只是需要被人理解。

　　我也希望你知道，从早期对身体自主、安全和享乐的学习阶段开始，女性性经历就已受到性别政治的极大影响，这种影响基本围绕着哪一方的需求或快感应被优先考虑。同样，关于女性性行为和性别的社会信息，以及对女性身体的物化，可能以一种无法察觉的方式损害着女性的欲望，但我们确实有能力采取补救措施。这可以是个人行动，比如决定自己与性或身体之间的联系，可以通过在社交媒体中展示自己的方式，也可以参加以女性为主的广泛社会活动。我希望你也对影响女性性行为的力量感到愤怒，不仅为了更轻松地拒绝性生活中的无益成见，并且能尽己之力，推动新一代的性生活变革。

希望这本书带你走过一段认知之旅，理解自己与性的联系方式，知道怎样的性生活能令你满足需要且感到安心，无论拥有良好的性生活对你来说是否重要，你可以任其随风而逝，也可以选择集中精力专注于此。我的目的是为你提供知识和技能，为你未来的性生活提供保障，并且希望你能从中学到知识（无论你当前的性生活美满或困难），因为这让你相信现在就能着手改善生活，也能为你提供一生美好性生活所需的科学知识和信息。

总而言之，在你的人生中获得性满足和性欲的关键是理解性生活，然后据此做出决定，朝着对自己有帮助的方向前进，这样我们的性生活就会与时俱进，而不是停滞或走下坡路。希望这本书为你提供了有关如何走完这段旅程的新理解和启发，其余的取决于你自己。

这是你的革命。

致　谢

　　我要对以下人员表示衷心感谢，没有他们的信任、支持和鼓励，本书将不可能完成。

　　首先，海德林书屋的出色编辑安娜·斯特德曼提供的指导、支持和专业知识，帮助我在本书中将想法和文字融为一体。我对您表示敬意和赞赏，感谢您对本书最初版本的认可，以及从一开始就对我的写作抱有的极大信心。

　　还要感谢我的代理人，金斯福德·坎贝尔协会的茱莉亚·席尔，为我在文学领域中的发展创造机会，并在此过程中给予我支持、鼓励和电话问候。我很高兴拥有这份经历！

　　同样感谢海德林书屋团队的其他成员，他们的工作令人赞叹，尤其是我的宣传人员杰西卡·法鲁希亚和卡洛琳·杨创造了如此大胆和现代的封面，同时也在设计过程中听取了我的喜好，而安娜·赫维则十分注重于细节，在审稿阶段对本书悉心完善。

　　没有全世界性科学家和研究人员的贡献，这本书将纯粹是临床观点，我要感谢他们为帮助我们所有人深入了解性所做的工作，我每天都从中有所获益（并且仍在学习）。我要特别感谢罗瑞·布洛图教授、辛西娅·格雷厄姆教授、海伦·金教授和克里斯汀·米歇尔教授对本书早期版本的评论及专业指导，还有他们带来的启发与友谊。

洛里和辛迪，我还记得我们在"泰坦尼克号"上吃过的美味佳肴，以及你们过去（和现在）对自己所取得的成就、所付出的支持的谦卑与慷慨。

感谢所有参加我的线上性欲研讨会的女士们，以及在过去的几十年中与我一起从事过性心理治疗工作的女士和情侣，你们对我的工作助益良多。和你们坐在一个房间里，共享改善性生活之旅，一直是我的荣幸，对此我满怀感动、热情、激情、活力与谢意。看到这对你们和你们的恋爱关系有所帮助，就是我将自己的观点传达给更多人的动力。

感谢所有在此过程中提供鼓励、支持、阅读章节和耐心倾听的朋友们。特别感谢克洛伊·波特、林迪·费托、凯特·巴克斯特、塔姆辛·戴维斯、丽齐·索恩和乔提·帕里克，他们在与我就餐时花了很多时间听我谈论这本书，他们的热情一直是我的动力源泉。

感谢其他作者和朋友们给予的鼓励和灵感，包括梅齐·希尔、萨拉·海德曼和大卫·博达尼斯，在我获得这一机会时他们就是支持我的啦啦队："你能行！"你们的经验和看法在本书写作过程中非常有用。感谢帕拉贡团队所有成员带给我的友谊和启发，以及在我本应接受培训的时候听我讲这本书，尤其是杰西卡·希夫吉和罗伯·欧文。

感谢哈夫洛克诊所的其他团队成员，阿里·米尔斯博士、简·阿什比博士、米歇尔·耶茨博士、萨拉·沃鲁耶维茨和凯

238

蒂·哈拉德教给我许多东西，成为我的灵感，并让我有几个月时间专注于写作而不必匆忙。我很荣幸能与业界最好的人一起工作，能成为你们的同事让我永远怀有感激之心。同时也要感谢迪恩街56号所有令人敬佩的团队成员，他们在过去几个月中为我提供了鼓励和灵活的工作时间，特别是莱姆兹耶·库尼拉克和利·切斯勒特，能与你们一起工作令人高兴。

感谢我的心理学教师和第一任主管，他们劝我放弃成为临床心理学家的梦想，因为这一行"竞争激烈"，而我"学历不足"，我庆幸那时自己年轻而热情，不愿听从你们的建议。也很感谢格兰达·弗雷德曼，她教给我有趣的系统疗法，以及如何真正与就诊的情侣们共事，希望您能从这本书中看到曾经播下的种子已经萌芽。感谢您对我的专业启发，在每次治疗过程中，我都会用到您的方法。

此外，如果没有家人的支持，我将无法成功完成这项工作，他们一直以自己的方式贡献力量，支持我完成目标。感谢我的妈妈、爸爸、弟弟和他的妻子安娜无条件的爱，在我因持续工作而无法前往北方探望之时，任劳任怨地照顾孩子们。感谢两个男孩的出色表现，接受我最近繁重的工作量——现在我可以跟你们一块儿玩了！把乐高积木都摆出来！

我最后要感谢的人，也是最为重要的人，是我的爱人AJ。这本书是专门为你献上的，每一天我都心怀感激，谢谢你帮我网上购物、整理洒扫、带孩子们游泳，为我排忧解难，（十分细心、缓慢地）阅读章节，最重要的是你对我和这本书的坚定信念。爱你。